D1277996

HEINRICH VON KLEIST

ERZÄHLUNGEN

HEINRICH VON KLEIST

ERZÄHLUNGEN

Die Verlobung in St. Domingo • Der Findling
Das Bettelweib von Locarno

Edited by Robert E. Helbling
UNIVERSITY OF UTAH

Suhrkamp/Insel
Publishers Boston, Inc.

Under the Editorship of

Sigrid Bauschinger
University of Massachusetts, Amherst

Jeffrey L. Sammons
Yale University

Maria Tatar
Harvard University

833.6
KL4Zh

Library of Congress Cataloging in Publication Data
Kleist, Heinrich von, 1777-1811.
  Kleists Erzählungen.
  German text, with notes in English.
  Includes index.
I. Helbling, Robert E.   II. Title.
PT2378.A14   1983   833'.6   82-5664
ISBN 3-518-03052-3   AACR2

COPYRIGHT © 1983 by Suhrkamp/Insel Publishers Boston, Inc.
All rights reserved
No part of this publication may be reproduced, stored in a retrieval system or transmitted,
in any form or by any means, electronic, mechanical, photocopying, recording, or other-
wise, without the prior written permission of the publisher.

LC-number 82-5664
ISBN 3-518-03052-3   Printed in the USA

Contents

METHODIST COLLEGE LIBRARY
Fayetteville, N. C.

084126

084136

Introduction

Biographical Sketch

Heinrich von Kleist was born over two hundred years ago (1777) and died a premature death by his own hand thirty-four years later (1811). He left a compact literary legacy of eight dramas (one a fragment) and eight novellas, most of which are ranked among the masterpieces of world literature in their genres, and a small corpus of remarkable aesthetic writings. In addition, a fair number of his letters have been preserved, as well as a few patriotic poems and the issues of his short-lived daily newspaper *Berliner Abendblätter*.

None of these writings can fully disclose the enigma of his complex personality. Even the few pictures we possess of him show such a variety of likenesses that in some instances their authenticity must be questioned. As is the case with the characters of his novellas, we are left to guess from the outer vicissitudes of his life what the true nature of his inner conflicts may have been. At a time of great political upheaval — the final phases of the French Revolution and the Napoleonic conquests — he travelled back and forth through central Europe in a hectic search for his own place in life, only to cut short the quest by his suicide.

The scion of a Prussian military clan, he followed the family tradition and at age fourteen launched upon a military career. He saw action in the campaign against the French revolutionary armies in the Rhineland and was made a second-lieutenant but soon came to abhor the life of a soldier. Quitting the service, he matriculated at the University of Frankfurt an der Oder, his hometown, and within one and a half years managed to absorb an impressive amount of academic lore, especially in mathematics, physics and *Popularphilosophie*, a fashionable version of rationalistic philosophy. Through the accumulation of a "store of knowledge," he hoped to find a reliable basis for the conduct of his own life.

In his haste to find new social moorings, he became engaged to Wilhelmine von Zenge, the daughter of the local military commander. A demure girl, unaware of her fiancé's inner turmoil, she soon became the victim of his dogged attempts to fashion her into an exemplar of wifely virtue and his incessant demands for her trust and loyalty. In his letters there are occasional hints of sensuality undermined, however, by gnawing doubts about his capacity to love, which in turn became "sublimated" into moralistic pedantries.

Meanwhile, Kleist had also become acquainted with Immanuel Kant's philosophy, which apparently was still new to him, although by that time — it is now 1800 — already widely disseminated in intellectual circles. When he finally grasped the full meaning of the "new" philosophy, a crisis broke out. He felt that his most sacred belief—the conviction that "knowledge" and "education" could reveal universal truths and help him find his own God-given destiny—was shattered. His restless wanderings through Germany, France, and Switzerland began, at times in company of his half-sister Ulrike, a stalwart, loyal girl often traveling in men's clothes, who repeatedly lent financial support to the chronically impecunious writer.

The so-called Kant crisis had at least one salutary effect on Kleist: it released his dormant literary talent from the stifling bonds of a philistine world view. As though driven by a demon, he began to write furiously, alternately fired by high hopes and plunged into crippling despair. With his first drama, *Robert Guiskard*, he hoped to gain immediate literary fame while bringing new honor to his family. But the unwieldy topic brought him to the brink of insanity. He burned the manuscript of the fragment (which he restored later from memory), coldly broke his engagement to Wilhelmine, and left his solitary retreat in Switzerland to travel to Paris. Unaccountably, the inveterate Napoleon-hater turned up in Boulogne—in a state of mental disarray, there to join the French forces amassed to invade England, while a friend desperately searched for him in Paris, even in the Morgue. As a former Prussian officer, Kleist was in danger of being shot as a spy. Fortunately, the Prussian ambassador to France in Paris, apprised of the errant writer's plight, intervened on his behalf and had him escorted back to Germany. In Mainz, Kleist suffered a complete nervous breakdown, but a kindly doctor nursed him gradually back from his despondency to new hope.

A humbled prodigal son, Kleist returned to Prussia, where, with some difficulty, he was reinstated in the King's employ as a civil servant attached to the Ministry of Finance. Slogging away at his hated bureaucratic chores, he developed some psychosomatic illnesses and was finally granted an indefinite sick-leave through the good offices of his superior, the Prussian Minister of Finance who showed a humane concern for his personal problems.

In 1806 Napoleon had won the decisive battle of Jena and Prussia collapsed. A malignant fate again dogged Kleist's footsteps. In the company of some friends he was arrested by the French authorities in Berlin on suspicion of spying—Kleist spoke excellent French—and carried into solitary confinement in France. Throughout these trials Kleist produced an impressive number of dramas and novellas and when he was cleared of the espionage charges brought against him, he went to Dresden where he immersed himself in his writing and publishing ventures. He edited a literary magazine, for which he wrote most contributions at breakneck speed, while putting the finishing touches on three dramas (*Der zerbrochne Krug, Amphitryon, Penthesilea*) and several novellas. But what had begun as the most promising phase in his career ended in dismal failure. An unsuccessful staging of his comedy *Der zerbrochne Krug* by Goethe in Weimar dealt a severe blow to his rising literary reputation. Germany's military posture against the French worsened as did the general economic situation and Kleist, near bankruptcy, had to scuttle all of his publishing ventures.

The rapid advance of Napoleon's armies drove him out of Dresden to Prague and Vienna as well as into a patriotic frenzy against the usurper, expressed in polemic verse and prose. In 1809 Prussia mobilized again; Austria entered the war against Napoleon and carried off a promising victory in the battle of Aspern only to suffer a long-lasting defeat at Wagram. In a state of euphoria, Kleist had wandered over the battlefield at Aspern. Again suspected of spying, he quickly read some of his anti-French poems, which he carried around in his pocket, to an appreciative audience of battle-worn Austrian soldiers, and was released.

Thereafter Kleist disappeared from the scene, his whereabouts unknown to his friends and family who once more had reason to fear for his life. After a few months he suddenly emerged from nowhere in Berlin, there to stage the last battle with his fate.

He founded the *Berliner Abendblätter*, the first daily newspaper published in Germany. His brisk reporting of daily events and bold editorials attracted immediate popular attention but also the strong disapproval of the French censors. Kleist was forced to suspend the publication of the paper. His last drama, *Prinz Friedrich von Homburg*, a masterpiece based on a patriotic theme, found little appreciation among those who could have helped him, and amidst the political turmoil of the time, the publication of his novellas in two volumes went virtually unnoticed. His few friends had left the capital, dominated as it was by the French. Alone, penurious, despondent over the collapse of his country and his apparent failures, Kleist felt an icy bleakness invade his life.

As is evident in some of his letters, at various stages in his inner development he had been drawn to the lurid idea of self-willed death in company of a friend. The moment to act had come. He made a suicide pact with a passing acquaintance, Henriette Vogel, a married woman suffering from cancer and given to desperate ecstasies. On November 21, 1811, in a strange spirit of elation and apparent reconciliation with his tragic destiny, he shot his companion and himself on the shores of the Little Wannsee outside Berlin. The epitaph on the first tombstone erected on his modest grave fairly sums up his life in these simple lines:

> Er lebte, sang und litt
> In trüber, schwerer Zeit.
> Er suchte hier den Tod
> Und fand Unsterblichkeit.*

*The inscription to the present tombstone is a verse from *Prinz Friedrich von Homburg*: Nun, o Unsterblichkeit, bist du ganz mein! (1.1830)

To posterity, Kleist remains a figure of consuming fascination, a human battleground for explosive opposites. Ascetic and erotic, ethereal and down to earth, scientifically curious and poetically inspired, he found no inner equanimity and destroyed himself but left a literary legacy that earned him immortal fame.

The Influence of the *Popularphilosophie* and the "Kant crisis"

After his resignation from the Prussian army, Kleist eagerly sought a new vocation that would satisfy his yearnings for a more meaningful existence. Neglecting the practical exigencies of life, he hoped to find personal fulfillment in an unrelenting pursuit of knowledge. While he bravely tackled the mundane disciplines of Latin, Mathematics and Physics, "knowledge" to him effectively meant the acquisition and uncontested possession of "eternal" truths. For a while, the *Popularphilosophie*, taught with near-religious fervor at the University of Frankfurt a.O., seemed to provide the answers to his quest.

This philosophy was an outgrowth of the pride in the rational powers of the human mind displayed by the European intelligensia at the end of the seventeenth and the beginning of the eighteenth century in the wake of Newton's epoch-making physics and other scientific advances. The Popular Philosophy extolled the rational nature of God's creation and man's eminent place in it. All things and animate beings were beautifully suited to their pre-established purpose and it was man's sublime destiny to attain happiness in accord with virtue. The successive approximation of man's knowledge to divine omniscience was said to be accompanied by a feeling of pleasure, for the human being realized in the process of acquiring ever greater knowledge that the operations of his own mind are in essential harmony with the teleological drive of the universe. The capstone to this optimistic philosophy was a grandiose version of the eighteenth century *idée fixe* of a "Great Chain of Being": other planets in the universe are inhabited by intelligent beings—many of them more advanced than *homo sapiens*— and after death the human soul will forever grow in wisdom as it ascends from sphere to sphere in endless progression. Even nowadays, this mildly naive philosophy might furnish the stuff for evangelical rhetoric or science fiction, though contemporary visions of "star wars" and the like hardly display the beautiful pre-established harmony in the universe preached by the Popular Philosophy!

The intellectually still ingenuous Kleist could not help coming under the spell of this beguiling but vapid doctrine. His early letters fairly reverberate with its echoes. But underneath the happy melody one can easily discern the dissonant and somber notes vibrating in a young soul unsure of itself and anxiously questioning its own private destiny in life. The philosophy of Kant rudely awakened him from his dream of reason.

In complex and highly technical arguments, Kant showed that the world as we perceive and understand it is shaped by our own built-in sensory and mental apparatus. We can only understand the world as it "appears" to us but not as it absolutely "is." Moreover, that "phenomenal" knowledge is restricted to the physical world and is too limited in its scope to provide reliable assurance of purposes or purposiveness in the universe. In the spiritual realm, the mind is altogether incapable of arriving at absolute certainties. "Ideas" such as the "soul," "freedom," and ultimately "God" can at best be established as "postulates" that prove useful in moral philosophy. Without such hypotheses, the edifice of ethics would be built on shifting sands. In essence, Kant showed that human knowledge is relativistic and limited to the empirical sphere, the idea of universal purposiveness is at best speculative, and "metaphysical" knowledge is illusory, though in the form of unprovable assumptions highly conducive to ethics.

Kleist was shattered. In two letters written on March 22 and 23, 1801, he expresses his disillusion in baneful tones:

If all men had green lenses instead of their eyes, they would be led to say that all objects they see are green . . . We cannot determine if what we call truth is really truth or whether it only seems so. If the latter is correct, then the truth we are able to gather on this earth will no longer be valid after death — and all our efforts to acquire a patrimony accompanying us to the halls of death are null and void.

Alas, Wilhelmine, if the edge of this thought does not wound your heart, do not mock another whose deepest and most sacred feelings have been struck down by it.

My sole, my highest goal is lost, I no longer have one.

Kleist's Own Dramatic Vision of the World

The modern mind is likely to be puzzled by Kleist's violently personal reaction to Kant's "phenomenalism." Why, we may ask, should anyone take a highly abstract philosophy so much to heart? Perhaps we have become jaded in our attitudes toward the human mind's incapacity of representing the world "as it is." In contemporary physics we operate with mathematical equations which, while they "work" in the sense that they yield results in the empirical sphere, leave the broader philosophic question whether the world "is" mathematical or not wide open. We have even become inured to certain forms of art, music, and literature that have severed their ties with ordinary human experience and have created worlds of their own.

Kleist, however, by his native disposition as much as by his erstwhile exposure to the facile optimism of the Popular Philosophy, could not lightly gloss over the manifest gulf between human consciousness and the world. For him, the very basis of human existence as a whole, and his own in particular, was at stake. The abstract philosophical problem, to him, became an "existential" question of extreme urgency. About seventy years later, Friedrich Nietzsche (1844-1900), an uncompromising existential thinker, was to praise Kleist's tragic sensitivity to the veiled skepticism of Kant's thought:

> Yes, when will human beings again feel in the natural, the Kleistian, manner; when will they learn again to judge a philosophy with their deepest and most sacred feelings?

But Kant's philosophy, rather than toppling a firmly established creed in Kleist, brought to a head his own deep-seated anxieties about the "fragile constitution of the world," as he was to express it repeatedly later on, and forced him into a direct, even brutal, confrontation with life.

As a writer, Kleist has at times been called a "metaphysical realist"—a somewhat paradoxical definition. What is meant by this is that he observes and registers with unflagging honesty the actions and attitudes of human beings, often with an astute eye for the significant detail. But through his narrative technique and dramatic plots he always manages to suggest that situations and the human beings engulfed in them, "are" not what they "appear" to be, that the "truth" lies hidden behind the deceptive veil of human perceptions. In a tenuous analogy to Kantian philosophy, one could say that in the Kleistian world there is a fateful rift between "being" and "appearance," or more specifically, between "truth" and the "appearance of truth."

This dramatic and even tragic view of human "reality" may be due to Kleist's own obsessive, though constantly frustrated, need to reduce unseen "truths" to visible or physical manifestations as perceived from the limited vantage point of the individual. When converted into literary form, this basic stance gives rise to most of the themes and motifs we can detect in his works: the isolation of individuals into islands of pure subjectivity and the consequent tendency of human beings to see others as mere "things" or appurtenances of their own consciousness, which in turn makes it impossible to communicate directly the essence of one's subjective awareness to other persons equally enclosed in their inner experience. The only way out of this tragic "communication gap" would be absolute *Vertrauen*, unflinching trust, in what the other says and does, or does not say and does not do, which Kleist most often portrays as a patently missed redemptive opportunity.

The breach between the "I" and the "Other" or between the "inner" and the "outer" worlds has other thematic variations: the shortcomings of human reason in attuning its inferences to the intimations of one's intuition; the clash between natural human impulses and the often artificial nature of social institutions and mores; the seemingly irrational chance happenings that foil human intentions and seal individual destiny; finally, the incomprehensibility of the cryptic manifestations of supernatural powers.

Kleist as *Novellendichter*

In German-speaking countries Kleist is equally famous as a dramatist and a writer of novellas. Some of his dramas such as *Der zerbrochne Krug, Prinz Friedrich von Homburg, Amphitryon* are recognized masterpieces of world literature and are annually performed on many German stages. In the USA, however, Kleist is better known as a writer of *Novellen* than a playwright.*

The German *Novelle* is a type of short story or tale that has deep roots in the literary tradition of the Middle East and the Western World. It is usually defined by three basic characteristics. The plot should revolve around an "unerhörte Begebenheit," a central event of unusual though not improbable nature. There should be a sudden or unexpected reversal, a *Wendepunkt*, somewhat comparable to the *peripeteia*, the sudden yet logical reversal of the tragic action found in certain Greek tragedies. Finally, the *Novelle* often contains a *Leitmotiv*, a kind of central image, paradox, or dramatic situation that encapsulates the meaning of the action in almost symbolic fashion. However, in most cases, it is nearly impossible to separate these three elements very clearly from each other. They are often merely differing aspects of the same basic happening. The difficulty of analysis stems from the fact that the *Novelle* attempts to effect with the greatest economy of means a symbolic condensation of the epic element in life and human destiny through the unusual event. It is obvious, then, that the Novelle cannot dwell on lengthy character development and psychological motivation. It rather shows the overwhelming determining power of outer circumstance in human life. Unusual events

*In recent years three editions of Kleist's stories in English translation have appeared on the American market. His "Michael Kohlhaas" was transmuted into the Coalhouse Walker episode in E. L. Doctorow's best-selling novel *Ragtime* (1976), which in turn forms the basis for the film (1981) of the same name. And another novella, "Die Marquise von O . . .", made into a film by the famous French director Eric Rohmer (1976), won a prize at the Cannes Film Festival and earned critical plaudits in its American showings. Among Kleist's plays, "Prinz Friedrich von Homburg" is easily the best known in the USA. It was performed by New York's Chelsea Theater in 1976 (with Frank Langella in the title role) and subsequently shown on television in the "Masterpiece Theatre" series.

can thus be presented as "blows of fate" striking the human being from without and testing, though not developing, his character.

Two distinguishing marks of Kleist's *Novellen* are the periodic but tightly-knit grammatical patterns of his style and his mastery of the art of narrative "viewpoint." The complex syntax of his sentences suggests that he is desperately trying to find meaningful interrelations between disparate happenings, to see order, no matter how fateful, in seeming chaos. The ensuing narrative tension sustains the intricacies of his style and makes him pursue a thought or event through a rigorous syntactical structure with single-minded intensity. At the same time, he succeeds in suggesting through an unobtrusive handling of the narrative stance that people and events are not quite what they appear to be at the surface. The combination of Kleist's tragic vision of human existence, the serried texture of his style, and the skillful narrative technique makes for stories of utmost suspense and dramatic power.

In the following brief discussion of the *Novellen* and excerpts from Kleist's letters and aesthetic writings contained in our collection, we will attempt to illustrate the salient points made in this short introduction to his life and works.

The *Novellen* in this Collection

Das Bettelweib von Locarno

Little more than an anecdote, this story yet has singular dramatic power. The intwined structure of virtually all sentences suggests a fateful interlocking of natural and supernatural forces impinging on human life. Moreover, the sentences are closely interconnected, most of them anticipating what is to follow in the next period while developing further what was said before. The whole tightly knit syntactical fabric is like a literary equivalent of a dragnet of fate in which human beings are inescapably caught. This impression is heightened by the narrator's focus, which is directed as much on the impact the strange happenings have on their victims as on the events themselves.

In keeping with this narrative stance, there is no tarrying over descriptive detail to create "local color." The gist of the unusual event is outlined in bold strokes, leaving aside or glossing over all that is nonessential. To further intensify the dramatic immediacy of the story, at its climactic midpoint, Kleist changes the verb tense from the past to the present. All of these devices hardly give the reader time to become involved but he certainly cannot help being spellbound by the forward-pressing narrative whose force is comparable to the sweeping power of fate that overwhelms the protagonist of the story told.

Finally, what distinguishes Kleist's "ghost story" from most others of its kind, is that it is not merely intended to give the reader the thrill of a good vicarious scare but intimates the existence of a moral reality behind the perceptual foreground. Yet far from moralizing, Kleist leaves it a tantalizing open question whether the unfortunate, seemingly callous and obtuse Marquis glimpses that spiritual realm before his final despair. If he does, his end may be seen as a fiery, self-inflicted purgatory.

Die Verlobung in St. Domingo

In this story, Kleist is especially adept at portraying the ravages of distrust and faulty perceptions among human beings. An uprising of the black population against their French colonizers in St. Domingo* at the turn of the nineteenth century provides an ominous and authentic historical backdrop to the novella: unalloyed racial strife.**

But Kleist does not take sides in the struggle. The focus is rather on the suspicions, the lack of trust, and the ensuing tragic errors that make genuine bonds of love and spontaneous understanding among human beings all but impossible. The racial hostilities only render this rift in the social fabric more acute. Indirectly, a humanistic, even pacifist, note is struck in the narrator's careful balancing of the subsidiary stories (the mistreatment of Babekan by her white masters; the odious revenge wrought by a black girl on her former white lover), which suggests that right and wrong are about equally distributed among the two races. A further thematic symmetry can be perceived between the touching episode of Marianne Congrève who a few years earlier had laid down her life for Gustav, her lover, and the main plot of the story in which Toni is sacrificed in a catastrophic turn of events for having lovingly but vainly reached out for Gustav's trust.

Indeed, the principal story and all the ancillary episodes, including the killing of his white benefactor by the atrocious Congo Hoango, are variations on the theme of trust, its abuse and misapprehension. Behind these dramatic configurations, especially in the main plot, there looms of course the larger issue of the general difficulty human beings encounter in their attempts at being genuinely and inwardly "related" to each other so as to thwart deceptive appearances.

This theme is effectively underscored throughout the story in the frequently mentioned linking and kissing of hands, as though the pro-

*Now the Isle of Haiti, divided into the two sovereign states of Haiti and the Dominican Republic.
**In 1807 Kleist was imprisoned in the very same fortress Joux (France), in which General Toussaint l'Ouverture, the predecessor of Dessalines, prominently mentioned in the story, had died an agonizing death a few years before.

tagonists were trying to overcome their inner uncertainties through a physical gesture; in Toni's desperate measure of "tying down" Gustav, but also in the anxieties aroused in him by the ambiguous hue of Babekan's and Toni's skin. Where do their allegiances lie, on the black or the white side? And as if to symbolize the struggle between the two races, the whole setting of the story is bathed in chiaroscuro, in nocturnal darkness lit up by the beam of lanterns, the sparks of fire, and the flash of a gun in the tragic finale of this most "romantic" but perhaps gloomiest of Kleist stories.

Der Findling

This is probably Kleist's most "intriguing" story. Not only is the plot full of intrigue but Kleist himself seems bent upon outwitting his readers through some deft narrative manoeuvres.

The story has a peculiarly uneven distribution of descriptive detail. Some episodes, elaborately described and graphically precise, stand out in a hazy background that is hastily patched in. We are told virtually nothing about Piachi's first wife and his son Paolo, for instance, but are given a rather minute portrait of the child Nicolo as he eagerly cracks nuts between his teeth, while ignoring his benefactor's tears. The first ten years of his life with his adoptive parents are telescoped into a brief summary but we are privy to Elvire's rescue from a fire in a lengthy flash-back that even includes a laborious description of the house she lived in.

These and a number of other disparities may be said to devolve from the intrinsic structure of a novella which stresses only elements that are in direct relation to the central event. But some of these narrative building blocks seem to be missing. We would certainly like to be told whether Piachi was ignorant of his wife's secret rites of worship before Colino's portrait or whether he tacitly tolerated them. At times, we are tantalized with the observation that something was said, but not what was said (a ploy Kleist uses in several of his stories): ". . . sprachlos, wie ihn einige Worte Elvirens gemacht hatten . . ." (p. 62). These omissions are not lapses in craftsmanship, but rather conscious devices of narrative strategy. Kleist does not wish his fictional narrator to be "omniscient." He allows him only limited "perspectives" on the hidden truth. Thereby a story becomes shrouded in a veil of mystery but also hints—realistically!—at the inevitable subjectivity of all human perceptions. What emerges again through this narrative scheme is the pervasive Kleistian theme of the breach between "appearance" and "truth." In *Der Findling*, this theme is given an ironic twist in the role Kleist assigns to his narrator. As a recording consciousness, the narrator most often evinces the orthodox attitudes of the right-minded citizen who teeters on the verge of bigotry, defending as he does social proprieties at all costs, even against the elemental needs of the individual.

From this viewpoint, Nicolo appears to be callous, devious, lecherous, downright villainous; Piachi generous, charitable, considerate, though capable of a towering rage when his righteous indignation has been aroused; Elvire virtuous and domesticated. But the narrator's attitude seems to be at odds with the events related and raises a host of queries. Is Nicolo indeed a profligate? — we know of his liaison with Xaviera but his alleged other escapades are only a surmise in Elvire's (jealous?) mind, rather slyly put there by the narrator. In fact, are his attachments so "unnatural," his attempt at conquering Elvire an incestuous affront rather than the expression of a repressed tempestuous passion (she is his stepmother and only a few years his senior)? Wasn't his marriage to the unfortunate Constanze virtually forced on him? Is Piachi really the self-denying benefactor he appears to be? Or is he rather an authoritarian who dominates and orders others' lives to satisfy his own social needs: the need for a substitute heir and a substitute wife to fill — after a fashion — the emptiness of his own life? Is his berserk fury the very proof of his tyrannical nature? Isn't the dutiful, self-effacing Elvire rather sickly in her retreat from life into material security provided by an utterly pragmatic husband, her nostalgic worship of a dead hero, her fear of drawing the practical consequences from her true feelings? The story is replete with equivocations. But, then, Kleist's narrator does not depict a contemporary "liberated" society. In Piachi's world, social conventions menacing the individual lead to inauthentic human relationships that barely cover up an undercurrent of seething passions.

At the end of the story we realize that the narrator's conventional viewpoint may have been to a great extent mere "attitudinizing." He is too eager to patch up the cracks in the wall of human virtue with repeated editorial fillings such as "die treffliche Gemahlin," "die gute" or "die treue Elvire"; or to pronounce righteous judgments such as "der höllische Bösewicht," "die abscheulichste Tat," as though he attempted to convince himself as much as us, his readers, of the correctness of his views.

But Kleist, the author, in guiding the pen of his narrow-minded narrator, is no cynic gloating over human foibles and self-deceptions. He is rather deploring the "fragile constitution of the world," in this case the tenuous relationships between individual and society. The frail texture of human life is further manifest in the frequent occurrence of seemingly implausible but fateful coincidences which in the text are expressed with such often repeated phrases as "es traf sich," "zufällig aber traf es sich," "es fügte sich." The very order of the world seems to come under questioning.

Therefore, mere psychological insights into Piachi's ambiguous character cannot satisfactorily explain his fiendish revenge. It must be more than the eruption of oedipal jealousy evoked in an older man by the brash intrusions of a younger man into his private sphere. Piachi is rebelling against life and the world order itself. All his attempts at ordering his own world according to his best, though self-deceiving, insights have brought him to the brink of chaos. Therefore, he is combating evil with evil, the rampant injustice that he believes exists around him—to his mind incarnate in Nicolo—with his rampaging fury, as though he could thereby restore justice to a derelict world. Piachi's stubborn rejection of absolution at the end is a challenge hurled at the powers that be in the universe. It emits the dark glow of a metaphysical revolt.

Similarly, the ambiguities in the other characters are not merely an interesting species of psychological phenomena, but suggest the ineluctable proximity of good and evil, which is effectively illustrated in the anagrammatic play with Nicolo's name. Both "Colino" and "Nicolo," the potential for redeeming love and its obverse, selfish sensuality, dwell in the same person. It attests to Kleist's genius as a writer that he can intimate so much more than appears at the periphery of the story through a skillful narrative strategy.

The Letters and the Essay
"Über das Marionettentheater"

The brief excerpts from a few of Kleist's letters illustrate some important way stations in his early inner development: the reasons for his resignation from the army; his precocious theorizing about the way to attain "happiness" through "virtue"; his anxiety-ridden pleading with his fiancée, Wilhelmine, for unconditioned mutual "trust"; the paralyzing effect of Kantian philosophy on his thought, followed by Nietzsche's tribute to his probity. The selection concludes with Kleist's moving farewell letter to his cousin, Marie von Kleist, written a few hours before his suicide.

The essay "Über das Marionettentheater," included at the end, is justly famous for its profound symbolism. It illustrates Kleist's life-long concern with man's emancipation from a state of unity with the divine, his "fall" from grace resulting from his acquisition of intellectual powers of discernment and consciousness of self, (as depicted, for instance, in the biblical Garden of Eden myth). Its wistful skepticism is a far cry from the optimistic naiveté of Kleist's pre-Kantian Enlightenment beliefs.

Man, like the dancer in the essay, is at odds with himself and is no longer properly related to nature and ultimate reality. Not held up from above like a marionette, the dancer must try to find his center of gravity, his "being," on his own and thereby comes to grief. All his knowledge cannot restore in him the pristine grace of a divine nature. The way back to Paradise is forever blocked, unless man can acquire a higher or "infinite" consciousness, a metaphysical hope that the narrator in the essay can only present as an interesting hypothesis.

The symbolism of the whole essay is obviously multi-faceted. It can be interpreted on the religious, historical and aesthetic levels.* But the essay should by no means be viewed as the nostalgic effusions of a gloomy "Romantic." It rather demonstrates in vivid images and episodes the pervasive dilemma of civilized man: can he redeem or "save" himself through his own rational powers? — a question which has become more acute than ever in an age priding itself on its "knowledge explosion."

In the awareness of the complexity of human nature, manifest in his narrative and dramatic technique, as well as in the probing symbolism of some of his aesthetic writings, Kleist proves to be a writer of a peculiarly "modern" temper, little appreciated by his own contemporaries but esteemed all the more by succeeding generations.

---

*For a brief description of the various symbolic strains in the essay, see Robert E. Helbling, *The Major Works of Heinrich von Kleist*, New Directions Press, 1975, pp. 35-44. A more elaborate analysis can be found in Ilse Graham, *Heinrich von Kleist, Word into Flesh: A Poet's Quest for the Symbol*, de Gruyter, 1977, pp. 11-26.

Editorial Note on the Annotations to the Text

The footnotes are designed primarily to explain unusual or highly specific vocabulary words as well as phrases and idiomatic expressions that differ considerably from their English equivalents. These words and phrases are most often listed in their basic or essential form (e.g., the infinitive of verbs) in order to aid the student's comprehension of the text.

Where necessary, the modern spelling of certain words is indicated (e.g., Hülfe = Hilfe) as well as the modern versions of some obsolete or obsolescent forms (e.g., ahnden = ahnen). In addition, geographic and cultural references occurring in the text are explained and here and there a few hints are given for the interpretation or appreciation of the literary qualities of the stories.

Notes on the Syntax of
Kleist's Prose Style

After some exposure to the prose of Kleist's *Novellen*, one can discern in it a number of frequently occurring syntactical patterns. Some of these are illustrated in the following passage taken from *Die Verlobung in St. Domingo*.

Er setzte sich, da sie in Tränen zerfloß und auf seine Worte nicht hörte, auf den Rand des Bettes nieder, und sagte ihr, indem er ihre Hand bald streichelte, bald küßte: daß er bei ihrer Mutter am Morgen des nächsten Tages um sie anhalten wolle. Er beschrieb ihr, welch ein kleines Eigentum, frei und unabhängig, er an den Ufern der Aar besitze; eine Wohnung, bequem und geräumig genug, sie und auch ihre Mutter, wenn ihr Alter die Reise zulasse, darin aufzunehmen; Felder, Gärten, Wiesen und Weinberge; und einen alten ehrwürdigen Vater, der sie dankbar und liebreich daselbst, weil sie seinen Sohn gerettet, empfangen würde. Er schloß sie, da ihre Tränen in unendlichen Ergießungen auf das Bettkissen niederflossen, in seine Arme und fragte sie, von Rührung selber ergriffen: was er ihr zu Leide getan und ob sie ihm nicht vergeben könne? (pp. 24/25)

Examples	*Explanation*
und einen alten ehrwürdigen Vater, *der* sie dankbar und liebreich daselbst, . . ., empfangen würde.	Dependent clause introduced by a relative pronoun.
. . ., *da* sie in Tränen zerfloß . . . . . ., *weil* sie seinen Sohn gerettet, ..., *indem* er ihre Hand bald streichelte, bald küßte: . . .	Dependent clause introduced by a subordinating conjunction.
. . ., eine Wohnung, bequem und geräumig genug, sie und auch ihre Mutter, *wenn ihr Alter die Reise zulasse*, darin aufzunehmen: . . .	Dependent clause somewhere in the middle, seemingly interrupting the flow of the principal clause
. . ., weil sie seinen Sohn gerettet (*habe*), . . ., was er ihr zu Leide getan (*habe*). . .	Omission of the auxiliary verb (especially prominent in *Die Verlobung. . .*)

. . . ein kleines Eigentum, *frei und unabhängig*, ... eine Wohnung, *bequem und geräumig genug*, . . .	Adjectives in apposition (instead of: *ein kleines und unabhängiges Eigentum*, etc.)
. . . bald küßte: daß er bei ihrer Mutter am Morgen des nächsten Tages um sie anhalten wolle	Indirect discourse introduced by a colon (idiosyncratic for Kleist)

These basic structures in Kleist's prose show of course many variations. Other frequently occurring *conjunctions* are:

dergestalt, daß . . . (nowadays obsolescent) = in such a way that, so that
Die Frau, da sie sich erhob, glitschte mit der Krücke auf dem glatten Boden aus, und beschädigte sich auf eine gefährliche Weise, das Kreuz, *dergestalt, daß* sie zwar noch mit unsäglicher Mühe aufstand. . .

(Das Bettelweib . . ., p. 3)

als
Kurz, *als* Piachi sein sechzigstes Jahr erreicht hatte, tat er das Letzte und Äußerste, was er für ihn tun konnte: . . .   (*Der Findling*, p. 50)

Note: the meaning of the conjunction *da* often shades into that of *als*: (as in the sentence above from *Das Bettelweib* . . .):

Die Frau, *da* sie sich erhob . . .	= *als* sie sich erhob
Er bemerkte, *da* er im Freien war, einen Knaben neben seinem Wagen . . .	= *als* er im Freien war (*Der Findling*, p. 47)

obschon
. . . , er stieg mit seinem Sohn aus, legte den Jungen in den Wagen, und fuhr mit ihm fort, *obschon* er auf der Welt nicht wußte, was er mit demselben anfangen sollte.
Note: occasionally, Kleist prefers *ob* . . . *gleich* to *obschon*: . . . , und *ob* er *gleich* die Person nicht erkennen konnte, so vernahm er doch ganz deutlich. . . das geflüsterte Wort: Colino.

(Der Findling, p. 55)

damit and *um* . . . *zu*
Die Gesellschaft selbst, schloß sie, müsse inzwischen, *damit* sie nicht weiter reise, mit Lebensmitteln versorgt, und gleichfalls, *um* sich ihrer späterhin *zu* bemächtigen, in dem Wahn, daß sie eine Zuflucht in dem Hause finden werde, hingehalten werden.

(Die Verlobung . . ., p. 26. Notice again the position of these dependent clauses.)

Other stylistic idiosyncrasies:
Kleist often uses *descriptive clauses containing present or past participles*:

Der Fremde, der sich mit der Hand über die Stirn gefahren war, sagte, *einen Seufzer unterdrückend*, . . . (*Die Verlobung*. . ., p. 9)

Die alte Babekan, welche schon im Bette lag, erhob sich, öffnete, *einen bloßen Rock um die Hüften geworfen*, das Fenster und fragte, wer da sei? (*Die Verlobung*. . . , p. 9)

At times, in some daring syntactical move, Kleist interpolates *descriptive statements* that have a tenuous structural connection with the rest of the sentence and function rather *like stage directions* in a drama:

Das Ehepaar, *zwei Lichter auf dem Tisch, die Marquise unausgezogen, der Marchese Degen und Pistolen . . . neben sich*, setzten sich gegen elf Uhr, jeder auf sein Bett, ... (*Das Bettelweib*. . ., p. 5)

Extended participial clauses acting as adjectives in attributive position:

Am Fuße der Alpen, bei Locarno im oberen Italien, befand sich ein altes, *einem Marchese gehöriges Schloß*, . . . (= *ein Schloß, das einem Marchese gehörte*, . . .) (*Das Bettelweib*. . ., p. 3)

Hierauf bestellte Piachi . . . das feierliche, *für den kommenden Tag festgesetzte Leichenbegängnis* ab, . . . (= . . . *das feierliche Leichenbegängnis, das für den kommenden Tag festgesetzt war . . .*) (*Der Findling*. . ., p. 54)

Derselbe, desselben, dieselbe, etc. often refer back to a noun occurring in a preceding sentence or clause even after other nouns have been mentioned:

Er fragte die Alte, wo der Fremde in diesem Augenblick befindlich sei, worauf diese ihm das Zimmer bezeichnete, und sogleich auch Gelegenheit nahm, ihn von dem sonderbaren und auffallenden Gespräch, das sie, den *Flüchtling* betreffend, mit der Tochter gehabt hatte, zu unterrichten. Sie versicherte dem Neger, daß das Mädchen eine Verräterin, und der ganze Anschlag, *desselben* habhaft zu werden, in Gefahr sei, zu scheitern. (*Die Verlobung*. . ., pp. 34/35)

Quotation Marks in Direct and Indirect Discourse

In a dialogue given in direct discourse, Kleist uses quotation marks for the one voice, but not the other:
"Ja, diese rasende Erbitterung, heuchelte die Alte.
"Ist es nicht als ob die Hände eines Körpers, oder die Zähne eines Mundes gegen einander wüten wollten, . . ." (Babekan)
Wie? rief der Fremde. Ihr, die Ihr nach Eurer ganzen Gesichtsbildung eine Mulattin . . . seid. (Gustav) (*Die Verlobung*. . ., p. 13)

At times, however, he uses quotation marks even for indirect discourse: Schon wollte er aufstehen und . . . zur Antwort erhielt: "daß sie sich nicht wohl befinde und sich auf das Bett gelegt habe."

(*Der Findling*, p. 60)

Note on Verbs with Separable Prefixes and other Compounds

In Kleist's time, many separable prefixes were used as adverbs separated from the verb which they modify:
Die Gesellschaft selbst, schloß sie, müsse inzwischen, damit sie nicht *weiter reise*, . . . (= . . . *weiterreise.* . .)   (*Die Verlobung* . . ., p. 26)

. . . während er aus allen Kräften an dem Geschäft *Teil nimmt* (= . . . *teilnimmt*)   (*Die Verlobung* . . ., p. 14)

. . . daß sie ihn . . . der Rache der bestehenden Landesgesetze . . . *preis gäbe* (= *preisgäbe*)   (*Die Verlobung* . . ., p. 28)

Similarly, other words which are now written as one unit were kept separated: *während dessen* (= *währenddessen*)
           unvermuteter Weise (= *unvermuteterweise*)
                                              (*Die Verlobung* . . ., p. 34)

Many of the syntactical features discussed above will be found clustered in the same sentence or paragraph. The following sentences from *Das Bettelweib* provide some excellent illustrations:
Dieser Vorfall, der außerordentliches Aufsehen machte, schreckte auf eine dem Marchese höchst unangenehme Weise, mehrere Käufer ab; dergestalt, daß, da sich unter seinem eigenen Hausgesinde, befremded und unbegreiflich, das Gerücht erhob, daß es in dem Zimmer, zu Mitternachtsstunde, umgehe, er, um es mit einem entscheidenden Verfahren niederzuschlagen, beschloß, die Sache in der nächsten Nacht selbst zu untersuchen.   (p. 4)
Aber wie erschüttert war er, als er in der Tat, mit dem Schlage der Geisterstunde, das unbegreifliche Geräusch wahrnahm; es war, als ob ein Mensch sich von Stroh, das unter ihm knisterte, erhob, quer über das Zimmer ging, und hinter dem Ofen, unter Geseufz und Geröchel, niedersank.   (p. 4)
Am Abend des dritten Tages, da beide, um der Sache auf den Grund zu kommen, mit Herzklopfen wieder die Treppe zu dem Fremdenzimmer bestiegen, fand sich zufällig der Haushund, den man von der Kette losgelassen hatte, vor der Tür desselben ein; dergestalt, daß beide, ohne sich bestimmt zu erklären, vielleicht in der unwillkürlichen Absicht, außer sich selbst noch etwas Drittes, Lebendiges, bei sich zu haben, den Hund mit sich in das Zimmer nahmen.   (p. 5)

Kleists Erzählungen

Das Bettelweib von
Locarno

Am Fuße der Alpen, bei Locarno im oberen Italien, befand sich
ein altes, einem Marchese gehöriges Schloß, das man jetzt, wenn
man vom St. Gotthard kommt, in Schutt und Trümmern liegen   5
sieht: ein Schloß mit hohen und weitläufigen Zimmern, in deren
einem einst, auf Stroh, das man ihr unterschüttete, eine alte
kranke Frau, die sich bettelnd vor der Tür eingefunden hatte, von
der Hausfrau aus Mitleiden gebettet worden war. Der Marchese,
der, bei der Rückkehr von der Jagd, zufällig in das Zimmer trat,   10
wo er seine Büchse abzusetzen pflegte, befahl der Frau unwillig,
aus dem Winkel, in welchem sie lag, aufzustehen, und sich hinter
den Ofen zu verfügen. Die Frau, da sie sich erhob, glitschte mit
der Krücke auf dem glatten Boden aus, und beschädigte sich, auf
eine gefährliche Weise, das Kreuz; dergestalt, daß sie zwar noch   15
mit unsäglicher Mühe aufstand und quer, wie es vorgeschrieben
war, über das Zimmer ging, hinter den Ofen aber, unter Stöhnen
und Ächzen, niedersank und verschied.
    Mehrere Jahre nachher, da der Marchese, durch Krieg und
Mißwachs, in bedenkliche Vermögensumstände geraten war,   20
fand sich ein florentinischer Ritter bei ihm ein, der das Schloß,
seiner schönen Lage wegen, von ihm kaufen wollte. Der Marchese, dem viel an dem Handel gelegen war, gab seiner Frau
auf, den Fremden in dem obenerwähnten, leerstehenden Zimmer, das sehr schön und prächtig eingerichtet war, unterzu-   25
bringen. Aber wie betreten war das Ehepaar, als der Ritter mitten in der Nacht, verstört und bleich, zu ihnen herunter kam,
hoch und teuer versichernd, daß es in dem Zimmer spuke, indem etwas, das dem Blick unsichtbar gewesen, mit einem Geräusch, als ob es auf Stroh gelegen, im Zimmerwinkel aufge-   30
standen, mit vernehmlichen Schritten, langsam und gebrech-

3. *Locarno*   town in the southern, Italian speaking part of Switzerland, up to 1513 a possession of the Dukes of Milan   4. *Marchese*   Ital. for Marquis   *gehörig (dat.)*   belonging to
5. *St. Gotthard*   For centuries the Saint Gotthard Pass has been a major route between
central Europe and Italy.   *in Schutt und Trümmern*   in ruins (lit.: in rubble and rem-
nants)   7. *auf Stroh, das man ihr unterschüttete*   (a bed of) straw that was spread for her
(lit.: straw that was heaped up under her)   9. *Das Mitleiden = das Mitleid* pity, compas-
sion   11. *seine Büchse*   here: his shotgun   13. *sich hinter den Ofen verfügen* to find
oneself a place behind the stove   20. *in bedenkliche Vermögensumstände geraten* to fall
into straightened (financial) circumstances   21. *florentinisch*   Florentine (from: Florence)
23. *einem an etwas gelegen sein*   to lay great store by s\th.   28. *hoch und teuer versichern*
to assert steadfastly

lich, quer über das Zimmer gegangen, und hinter dem Ofen, unter Stöhnen und Ächzen, niedergesunken sei.

Der Marchese erschrocken, er wußte selbst nicht recht warum, lachte den Ritter mit erkünstelter Heiterkeit aus, und sagte,
5 er wolle sogleich aufstehen, und die Nacht zu seiner Beruhigung, mit ihm in dem Zimmer zubringen. Doch der Ritter bat um die Gefälligkeit, ihm zu erlauben, daß er auf einem Lehnstuhl, in seinem Schlafzimmer übernachte, und als der Morgen kam, ließ er anspannen, empfahl sich und reiste ab.
10 Dieser Vorfall, der außerordentliches Aufsehen machte, schreckte auf eine dem Marchese höchst unangenehme Weise, mehrere Käufer ab; dergestalt, daß, da sich unter seinem eigenen Hausgesinde, befremdend und unbegreiflich, das Gerücht erhob, daß es in dem Zimmer, zur Mitternachtsstunde, umge-
15 he, er, um es mit einem entscheidenden Verfahren niederzuschlagen, beschloß, die Sache in der nächsten Nacht selbst zu untersuchen. Demnach ließ er, beim Einbruch der Dämmerung, sein Bett in dem besagten Zimmer aufschlagen, und erharrte, ohne zu schlafen, die Mitternacht. Aber wie erschüttert
20 war er, als er in der Tat, mit dem Schlage der Geisterstunde, das unbegreifliche Geräusch wahrnahm; es war, als ob ein Mensch sich von Stroh, das unter ihm knisterte, erhob, quer über das Zimmer ging, und hinter dem Ofen, unter Geseufz und Geröchel niedersank. Die Marquise, am anderen Morgen, da er her-
25 unter kam, fragte ihn, wie die Untersuchung abgelaufen; und da er sich, mit scheuen und ungewissen Blicken, umsah, und, nachdem er die Tür verriegelt, versicherte, daß es mit dem Spuk seine Richtigkeit habe: so erschrak sie, wie sie in ihrem Leben nicht getan, und bat ihn, bevor er die Sache verlauten ließe, sie
30 noch einmal, in ihrer Gesellschaft, einer kaltblütigen Prüfung zu unterwerfen. Sie hörten aber, samt einem treuen Bedienten, den sie mitgenommen hatten, in der Tat, in der nächsten Nacht, dasselbe unbegreifliche, gespensterartige Geräusch; und nur der dringende Wunsch, das Schloß, es koste was es wol-
35 le, los zu werden, vermochte sie, das Entsetzen, das sie ergriff,

---

4. *mit erkünstelter Heiterkeit* with forced cheerfulness   6. *zu seiner Beruhigung* for his peace of mind   8. *der Lehnstuhl* easy chair   9. *anspannen lassen* to order the carriage   14. *das Gerücht erhebt sich* the rumor begins to spread   15. *es geht im Zimmer um* a ghost is walking around in the room   *mit einem entscheidenden Verfahren* with decisive action   18. *beim Einbruch der Dämmerung* at dusk, nightfall (lit.: at the break of dusk)   *sein Bett aufschlagen lassen* to have one's bed made up   23. *das Geseufz* sighing   24. *das Geröchel* gasping   28. *seine Richtigkeit haben mit* to be in fact true that   29. *verlauten lassen* to give to understand, make known   31. *einer Prüfung unterwerfen* to subject to an examination   33. *gespensterartig* ghostlike (from: *das Gespenst, -es, -er* ghost)   35. *es koste was es wolle* at any price

in Gegenwart ihres Dieners zu unterdrücken, und dem Vorfall
irgend eine gleichgültige und zufällige Ursache, die sich entdek-
ken lassen müsse, unterzuschieben. Am Abend des dritten Tages, da beide, um der Sache auf den Grund zu kommen, mit
Herzklopfen wieder die Treppe zu dem Fremdenzimmer be-   5
stiegen, fand sich zufällig der Haushund, den man von der
Kette losgelassen hatte, vor der Tür desselben ein; dergestalt,
daß beide, ohne sich bestimmt zu erklären, vielleicht in der unwillkürlichen Absicht, außer sich selbst noch etwas Drittes, Lebendiges, bei sich zu haben, den Hund mit sich in das Zimmer   10
nahmen. Das Ehepaar, zwei Lichter auf dem Tisch, die Marquise unausgezogen, der Marchese Degen und Pistolen, die er
aus dem Schrank genommen, neben sich, setzten sich, gegen elf
Uhr, jeder auf sein Bett; und während sie sich mit Gesprächen,
so gut sie vermögen, zu unterhalten suchen, legt sich der Hund,   15
Kopf und Beine zusammen gekauert, in der Mitte des Zimmers
nieder und schläft ein. Drauf, in dem Augenblick der Mitternacht, läßt sich das entsetzliche Geräusch wieder hören; jemand, den kein Mensch mit Augen sehen kann, hebt sich, auf
Krücken, im Zimmerwinkel empor; man hört das Stroh, das   20
unter ihm rauscht; und mit dem ersten Schritt: tapp! tapp! erwacht der Hund, hebt sich plötzlich, die Ohren spitzend, vom
Boden empor, und knurrend und bellend, grad als ob ein
Mensch auf ihn eingeschritten käme, rückwärts gegen den Ofen
weicht er aus. Bei diesem Anblick stürzt die Marquise, mit   25
sträubenden Haaren, aus dem Zimmer; und während der Marquis, der den Degen ergriffen: wer da? ruft, und da ihm niemand antwortet, gleich einem Rasenden, nach allen Richtungen
die Luft durchhaut, läßt sie anspannen, entschlossen, augenblicklich, nach der Stadt abzufahren. Aber ehe sie noch einige   30
Sachen zusammengepackt und aus dem Tore herausgerasselt,
sieht sie schon das Schloß ringsum in Flammen aufgehen. Der
Marchese, von Entsetzen überreizt, hatte eine Kerze genommen, und dasselbe, überall mit Holz getäfelt wie es war, an allen
vier Ecken, angesteckt. Vergebens schickte sie Leute hinein,   35

---

4. *einer Sache auf den Grund kommen* to get to the bottom of a thing   8. *ohne sich
bestimmt zu erklären* without explaining (it) to themselves clearly = without exactly
knowing why   13. *zwei Lichter auf dem Tisch . . . neben sich* these are interpolations
that have no clear grammatical connection with the rest of the sentence but are comparable
to stage directions in a drama.   15. *. . . . vermögen* Notice the sudden change from the
past to the present tense within this sentence. The narrative reaches a climax here and the
present tense, maintained throughout the next three (long) sentences, intensifies the dramatic impact of the scene.   16. *zusammen gekauert* curled up   17. *Drauf* = darauf
21. *ihm (referring back to jemand)* Kleist uses *jemand* and the masculine *ihm*, although
there is overwhelming evidence that the ghost is that of a woman. He may wish to suggest

den Unglücklichen zu retten; er war auf die elendiglichste Weise bereits umgekommen, und noch jetzt liegen, von den Landleuten zusammengetragen, seine weißen Gebeine in dem Winkel des Zimmers, von welchem er das Bettelweib von Locarno hatte aufstehen heißen.

that even now the Marquis cannot bring himself to face the full truth. 23. *grad* = *gerade* 24. *als ob ein Mensch auf ihn eingeschritten käme* as if somebody were walking toward it 26. *stürzen . . . aus* here: to rush out of 28. *gleich einem Rasenden* like a maniac 31. *ehe sie . . . aus dem Tore herausgerasselt (war)* before she had clattered out of the gate 33. *von Entsetzen überreizt* overwrought with terror 34. *mit Holz getäfelt* wood-panelled 35. *(das Schloß) an allen vier Ecken anstecken* to set fire to all four corners (of the castle)

5. *hatte . . . aufstehen heißen* (= past participle) had ordered . . . to get up

Die Verlobung in
St. Domingo

Zu Port au Prince, auf dem französischen Anteil der Insel St.
Domingo, lebte, zu Anfange dieses Jahrhunderts, als die
Schwarzen die Weißen ermordeten, auf der Pflanzung des
Herrn Guillaume von Villeneuve, ein fürchterlicher alter Ne-
ger, namens Congo Hoango. Dieser von der Goldküste von
Afrika herstammende Mensch, der in seiner Jugend von
treuer und rechtschaffener Gemütsart schien, war von seinem
Herrn, weil er ihm einst auf einer Überfahrt nach Cuba das
Leben gerettet hatte, mit unendlichen Wohltaten überhäuft
worden. Nicht nur, daß Herr Guillaume ihm auf der Stelle
seine Freiheit schenkte, und ihm, bei seiner Rückkehr nach
St. Domingo, Haus und Hof anwies; er machte ihn sogar, einige Jahre darauf, gegen die Gewohnheit des Landes, zum
Aufseher seiner beträchtlichen Besitzung, und legte ihm, weil
er nicht wieder heiraten wollte, an Weibes Statt eine alte Mulattin, namens Babekan, aus seiner Pflanzung bei, mit welcher
er durch seine erste verstorbene Frau weitläufig verwandt
war. Ja, als der Neger sein sechzigstes Jahr erreicht hatte,
setzte er ihn mit einem ansehnlichen Gehalt in den Ruhestand
und krönte seine Wohltaten noch damit, daß er ihm in seinem
Vermächtnis sogar ein Legat auswarf; und doch konnten alle
diese Beweise von Dankbarkeit Herrn Villeneuve vor der
Wut dieses grimmigen Menschen nicht schützen. Congo Hoango war, bei dem allgemeinen Taumel der Rache, der auf
die unbesonnenen Schritte des National-Konvents in diesen
Pflanzungen aufloderte, einer der ersten, der die Büchse ergriff, und, eingedenk der Tyrannei, die ihn seinem Vaterlande
entrissen hatte, seinem Herrn die Kugel durch den Kopf jagte. Er steckte das Haus, worein die Gemahlin desselben mit

4. *St. Domingo* The Western portion of the island with its capital Port-au-Prince, ceded
by the Spanish to the French in 1697; today Haiti 5. *. . . ermordeten* The natives of the
island began rebelling against the French at the turn of the century and gained indepen-
dence from France in 1804. 11. *mit Wohltaten überhäufen* to heap benefits (on s.o.)
12. *auf der Stelle* on the spot 13. *Haus und Hof anweisen* to assign a house and home
18. *Mulattin* mulatto woman *bei-legen* here: to give 21. *in den Ruhestand setzen*
to retire s.o. 23. *(jemandem) ein Legat aus-werfen* to provide (for s.o.) in one's will
27. *der National-Konvent* The French "National Convention" which governed France
from 1792 to 1795, had granted political freedom and equality to the natives of St.
Domingo. The French settlers were opposed to the decree and deemed it ill-considered.
31. *jemandem eine Kugel durch den Kopf jagen* to put a bullet through s.o.'s head
worein = worin

ihren drei Kindern und den übrigen Weißen der Niederlassung sich geflüchtet hatte, in Brand, verwüstete die ganze Pflanzung, worauf die Erben, die in Port au Prince wohnten, hätten Anspruch machen können, und zog, als sämtliche zur Besitzung gehörige Etablissements der Erde gleich gemacht waren, mit den Negern, die er versammelt und bewaffnet hatte, in der Nachbarschaft umher, um seinen Mitbrüdern in dem Kampfe gegen die Weißen beizustehen. Bald lauerte er den Reisenden auf, die in bewaffneten Haufen das Land durchkreuzten; bald fiel er am hellen Tage die in ihren Niederlassungen verschanzten Pflanzer selbst an, und ließ alles, was er darin vorfand, über die Klinge springen. Ja, er forderte, in seiner unmenschlichen Rachsucht, sogar die alte Babekan mit ihrer Tochter, einer jungen funfzehnjährigen Mestize, namens Toni, auf, an diesem grimmigen Kriege, bei dem er sich ganz verjüngte, Anteil zu nehmen; und weil das Hauptgebäude der Pflanzung, das er jetzt bewohnte, einsam an der Landstraße lag und sich häufig, während seiner Abwesenheit, weiße oder kreolische Flüchtlinge einfanden, welche darin Nahrung oder ein Unterkommen suchten, so unterrichtete er die Weiber, diese weißen Hunde, wie er sie nannte, mit Unterstützungen und Gefälligkeiten bis zu seiner Wiederkehr hinzuhalten. Babekan, welche in Folge einer grausamen Strafe, die sie in ihrer Jugend erhalten hatte, an der Schwindsucht litt, pflegte in solchen Fällen die junge Toni, die, wegen ihrer ins Gelbliche gehenden Gesichtsfarbe, zu dieser gräßlichen List besonders brauchbar war, mit ihren besten Kleidern auszuputzen; sie ermunterte dieselbe, den Fremden keine Liebkosung zu versagen, bis auf die letzte, die ihr bei Todesstrafe verboten war: und wenn Congo Hoango mit seinem Negertrupp von den Streifereien, die er in der Gegend gemacht hatte, wiederkehrte, war unmittelbarer Tod das Los der Armen, die sich durch diese Künste hatten täuschen lassen.

Nun weiß jedermann, daß im Jahr 1803, als der General

---

2. *in Brand stecken* to set fire to   4. *Anspruch machen auf (acc.)* to make a claim on
5. *der Erde gleich machen* to raze to the ground   8. *bei-stehen* to help   9. *auflauern* to ambush   10. *am hellen Tage* in broad daylight   12. *über die Klinge springen lassen* to put to the sword   14. *funfzehn = fünfzehn*   15. *die (der) Mestize* Mestizo (offspring of a white and a mulatto person)   16. *Anteil nehmen* to participate   19. *kreolisch* Creole (here: a person of European descent born in the West Indies)   25. *leiden an (der Schwindsucht)* to suffer (from consumption)   28. *pflegte . . . auszuputzen* used to dress up   33. *das Los der Armen* the fate of the poor fellows   *Künste* here: tricks

Dessalines mit 30 000 Negern gegen Port au Prince vorrückte, alles, was die weiße Farbe trug, sich in diesen Platz warf, um ihn zu verteidigen. Denn er war der letzte Stützpunkt der französischen Macht auf dieser Insel, und wenn er fiel, waren alle Weißen, die sich darauf befanden, sämtlich ohne Rettung verloren. Demnach traf es sich, daß gerade in der Abwesenheit des alten Hoango, der mit den Schwarzen, die er um sich hatte, aufgebrochen war, um dem General Dessalines mitten durch die französischen Posten einen Transport von Pulver und Blei zuzuführen, in der Finsternis einer stürmischen und regnigten Nacht, jemand an die hintere Tür seines Hauses klopfte. Die alte Babekan, welche schon im Bette lag, erhob sich, öffnete, einen bloßen Rock um die Hüften geworfen, das Fenster, und fragte, wer da sei? »Bei Maria und allen Heiligen,« sagte der Fremde leise, indem er sich unter das Fenster stellte: »beantwortet mir, ehe ich Euch dies entdecke, eine Frage!« Und damit streckte er, durch die Dunkelheit der Nacht, seine Hand aus, um die Hand der Alten zu ergreifen, und fragte: »seid Ihr eine Negerin?« Babekan sagte: nun Ihr seid gewiß ein Weißer, daß Ihr dieser stockfinstern Nacht lieber ins Antlitz schaut, als einer Negerin! Kommt herein, setzte sie hinzu, und fürchtet nichts; hier wohnt eine Mulattin, und die einzige, die sich außer mir noch im Hause befindet, ist meine Tochter, eine Mestize! Und damit machte sie das Fenster zu, als wollte sie hinabsteigen und ihm die Tür öffnen; schlich aber, unter dem Vorwand, daß sie den Schlüssel nicht sogleich finden könne, mit einigen Kleidern, die sie schnell aus dem Schrank zusammenraffte, in die Kammer hinauf und weckte ihre Tochter. »Toni!« sprach sie: »Toni!« – Was gibts, Mutter? – »Geschwind!« sprach sie. »Aufgestanden und dich angezogen! Hier sind Kleider, weiße Wäsche und Strümpfe! Ein Weißer, der verfolgt wird, ist vor der Tür und begehrt eingelassen zu werden!« – Toni fragte: ein Weißer? indem sie sich halb im Bett aufrichtete. Sie nahm die Kleider, welche die Alte in der Hand hielt, und sprach: ist er auch al-

1. *Dessalines* leader of the native insurgents, successor to Toussaint l'Ouverture. The latter, captured by the French, was imprisoned and died at Fort Joux in 1803, where Kleist himself was to be imprisoned in 1807 6. *es traf sich* it so happened 8. *auf-brechen* here: to start out 11. *regnigt = regnerisch* rainy 26. *unter dem Vorwand* under the pretext 28. *zusammen-raffen* to snatch up 30. *Geschwind!* here: hurry! 31. *Aufgestanden und dich angezogen!* Get up and get dressed! (past participles used as imperatives) 34. *sich im Bett aufrichten* to sit up in bed

lein, Mutter? Und haben wir, wenn wir ihn einlassen, nichts
zu befürchten? – »Nichts, nichts!« versetzte die Alte, indem
sie Licht anmachte: »er ist ohne Waffen und allein, und
Furcht, daß wir über ihn herfallen möchten, zittert in allen
seinen Gebeinen!« Und damit, während Toni aufstand und
sich Rock und Strümpfe anzog, zündete sie die große Laterne
an, die in dem Winkel des Zimmers stand, band dem Mädchen geschwind das Haar, nach der Landesart, über dem
Kopf zusammen, bedeckte sie, nachdem sie ihr den Latz zu-
geschnürt hatte, mit einem Hut, gab ihr die Laterne in die
Hand und befahl ihr, auf den Hof hinab zu gehen und den
Fremden herein zu holen.

Inzwischen war auf das Gebell einiger Hofhunde ein Knabe, namens Nanky, den Hoango auf unehelichem Wege mit
einer Negerin erzeugt hatte, und der mit seinem Bruder
Seppy in den Nebengebäuden schlief, erwacht; und da er
beim Schein des Mondes einen einzelnen Mann auf der hinteren Treppe des Hauses stehen sah: so eilte er sogleich, wie er
in solchen Fällen angewiesen war, nach dem Hoftor, durch
welches derselbe hereingekommen war, um es zu verschlie-
ßen. Der Fremde, der nicht begriff, was diese Anstalten zu
bedeuten hatten, fragte den Knaben, den er mit Entsetzen,
als er ihm nahe stand, für einen Negerknaben erkannte: wer
in dieser Niederlassung wohne? und schon war er auf die
Antwort desselben: »daß die Besitzung, seit dem Tode Herrn
Villeneuves dem Neger Hoango anheim gefallen,« im Begriff,
den Jungen niederzuwerfen, ihm den Schlüssel der Hofpforte, den er in der Hand hielt, zu entreißen und das weite Feld
zu suchen, als Toni, die Laterne in der Hand, vor das Haus
hinaus trat. »Geschwind!« sprach sie, indem sie seine Hand
ergriff und ihn nach der Tür zog: »hier herein!« Sie trug Sorge, indem sie dies sagte, das Licht so zu stellen, daß der volle
Strahl davon auf ihr Gesicht fiel. – Wer bist du? rief der
Fremde sträubend, indem er, um mehr als einer Ursache willen betroffen, ihre junge liebliche Gestalt betrachtete. Wer

---

2. *versetzen* here: to reply 4. *über jemanden her-fallen* to attack s.o. 9. *der Latz*
pinafore 15. *erzeugen* here: to father 19. *wie er in solchen Fällen angewiesen war* as
he had been ordered (to do) in such cases 21. *diese Anstalten pl.* here: these preparations 26. *jemandem anheim-fallen* to pass into s.o.'s hands *im Begriff (sein)* (to be)
about to 29. *das weite Feld suchen* to make for the open fields 32. *Sorge tragen* to
take care 35. *um mehr als einer Ursache willen betroffen* bewildered for more than one
reason

wohnt in diesem Hause, in welchem ich, wie du vorgibst, meine Rettung finden soll? – »Niemand, bei dem Licht der Sonne«, sprach das Mädchen, »als meine Mutter und ich!« und bestrebte und beeiferte sich, ihn mit sich fortzureißen. Was, niemand! rief der Fremde, indem er, mit einem Schritt rückwärts, seine Hand losriß: hat mir dieser Knabe nicht eben gesagt, daß ein Neger, namens Hoango, darin befindlich sei? – »Ich sage, nein!« sprach das Mädchen, indem sie, mit einem Ausdruck von Unwillen, mit dem Fuß stampfte; »und wenn gleich einem Wüterich, der diesen Namen führt, das Haus gehört: abwesend ist er in diesem Augenblick und auf zehn Meilen davon entfernt!« Und damit zog sie den Fremden mit ihren beiden Händen in das Haus hinein, befahl dem Knaben, keinem Menschen zu sagen, wer angekommen sei, ergriff, nachdem sie die Tür erreicht, des Fremden Hand und führte ihn die Treppe hinauf, nach dem Zimmer ihrer Mutter.

»Nun«, sagte die Alte, welche das ganze Gespräch, von dem Fenster herab, mit angehört und bei dem Schein des Lichts bemerkt hatte, daß er ein Offizier war: »was bedeutet der Degen, den Ihr so schlagfertig unter Eurem Arme tragt? Wir haben Euch«, setzte sie hinzu, indem sie sich die Brille aufdrückte, »mit Gefahr unseres Lebens eine Zuflucht in unserm Hause gestattet; seid Ihr herein gekommen, um diese Wohltat, nach der Sitte Eurer Landsleute, mit Verräterei zu vergelten?« – Behüte der Himmel! erwiderte der Fremde, der dicht vor ihren Sessel getreten war. Er ergriff die Hand der Alten, drückte sie an sein Herz, und indem er, nach einigen im Zimmer schüchtern umhergeworfenen Blicken, den Degen, den er an der Hüfte trug, abschnallte, sprach er: Ihr seht den elendesten der Menschen, aber keinen undankbaren und schlechten vor Euch! »Wer seid Ihr?« fragte die Alte; und damit schob sie ihm mit dem Fuß einen Stuhl hin, und befahl dem Mädchen, in die Küche zu gehen, und ihm, so gut es sich in der Eil tun ließ, ein Abendbrot zu bereiten. Der Fremde erwiderte: ich bin ein Offizier von der französischen

5

10

15

20

25

30

35

---

4. *bestrebte und beeiferte sich* struggled and strained   7. *befindlich sein* to be, live (in a place)   9. *mit einem Ausdruck von Unwillen* with an expression of annoyance   10. *und wenn gleich* and even if   *einen Namen führen* to have a name   20. *schlagfertig* here: ready at hand   23. *eine Zuflucht gestatten* to offer a refuge   25. *Behüte der Himmel!* Heaven forbid!   34. *die Eil = die Eile*

Macht, obschon, wie Ihr wohl selbst urteilt, kein Franzose; mein Vaterland ist die Schweiz und mein Name Gustav von der Ried. Ach, hätte ich es niemals verlassen und gegen dies unselige Eiland vertauscht! Ich komme von Fort Dauphin, wo, wie Ihr wißt, alle Weißen ermordet worden sind, und meine Absicht ist, Port au Prince zu erreichen, bevor es dem General Dessalines noch gelungen ist, es mit den Truppen, die er anführt, einzuschließen und zu belagern. – »Von Fort Dauphin!« rief die Alte. »Und es ist Euch mit Eurer Gesichtsfarbe geglückt, diesen ungeheuren Weg, mitten durch ein in Empörung begriffenes Mohrenland, zurückzulegen?« Gott und alle Heiligen, erwiderte der Fremde, haben mich beschützt! – Und ich bin nicht allein, gutes Mütterchen; in meinem Gefolge, das ich zurückgelassen, befindet sich ein ehrwürdiger alter Greis, mein Oheim, mit seiner Gemahlin und fünf Kindern; mehrere Bediente und Mägde, die zur Familie gehören, nicht zu erwähnen; ein Troß von zwölf Menschen, den ich, mit Hülfe zweier elenden Maulesel, in unsäglich mühevollen Nachtwanderungen, da wir uns bei Tage auf der Heerstraße nicht zeigen dürfen, mit mir fortführen muß. »Ei, meine Himmel!« rief die Alte, indem sie, unter mitleidigem Kopfschütteln, eine Prise Tabak nahm. »Wo befindet sich denn in diesem Augenblick Eure Reisegesellschaft?« – Euch, versetzte der Fremde, nachdem er sich ein wenig besonnen hatte: Euch kann ich mich anvertrauen; aus der Farbe Eures Gesichts schimmert mir ein Strahl von der meinigen entgegen. Die Familie befindet sich, daß Ihr es wißt, eine Meile von hier, zunächst dem Möwenweiher, in der Wildnis der angrenzenden Gebirgswaldung: Hunger und Durst zwangen uns vorgestern, diese Zuflucht aufzusuchen. Vergebens schickten wir in der verflossenen Nacht unsere Bedienten aus, um ein wenig Brot und Wein bei den Einwohnern des Landes aufzutreiben; Furcht, ergriffen und getötet zu werden, hielt sie ab, die entscheidenden Schritte deshalb zu tun, dergestalt, daß ich mich selbst heute mit Gefahr meines

---

4. *das Eiland = die Insel Fort Dauphin* an erstwhile French stronghold on Santo Domingo 11. *in Empörung begriffen* (to be) in (the process of) revolt *das Mohrenland* a country inhabited by Blacks (*der Mohr, -en, -en* = Moor or blackamoor. An expression formerly used to designate most dark-colored people) *einen Weg zurücklegen* to cover a distance 15. *der Oheim = der Onkel* 16. *die Bedienten pl.* servants, domestics 18. *die Hülfe = die Hilfe* 27. *(ein Strahl) entgegen-schimmern* here: to reflect (a gleam) 28. *zunächst dem Möwenweiher* near the seagull pond 29. *die angrenzende Gebirgswaldung* the adjacent mountain woods 31. *in der verflossenen Nacht* last night 34. *deshalb* here: in this matter 35. *entscheidende Schritte tun* to take decisive measures

Lebens habe aufmachen müssen, um mein Glück zu versuchen. Der Himmel, wenn mich nicht alles trügt, fuhr er fort,
indem er die Hand der Alten drückte, hat mich mitleidigen
Menschen zugeführt, die jene grausame und unerhörte Erbitterung, welche alle Einwohner dieser Insel ergriffen hat, nicht   5
teilen. Habt die Gefälligkeit, mir für reichlichen Lohn einige
Körbe mit Lebensmitteln und Erfrischungen anzufüllen; wir
haben nur noch fünf Tagereisen bis Port au Prince, und wenn
ihr uns die Mittel verschafft, diese Stadt zu erreichen, so
werden wir euch ewig als die Retter unseres Lebens ansehen.   10
– »Ja, diese rasende Erbitterung«, heuchelte die Alte. »Ist es
nicht, als ob die Hände *eines* Körpers, oder die Zähne *eines*
Mundes gegen einander wüten wollten, weil das *eine* Glied
nicht geschaffen ist, wie das andere? Was kann ich, deren Vater aus St. Jago, von der Insel Cuba war, für den Schimmer   15
von Licht, der auf meinem Antlitz, wenn es Tag wird, er-
dämmert? Und was kann meine Tochter, die in Europa empfangen und geboren ist, dafür, daß der volle Tag jenes Weltteils von dem ihrigen widerscheint?« – Wie? rief der Fremde.
Ihr, die Ihr nach Eurer ganzen Gesichtsbildung eine Mulat-   20
tin, und mithin afrikanischen Ursprungs seid, Ihr wäret samt
der lieblichen jungen Mestize, die mir das Haus aufmachte,
mit uns Europäern in *einer* Verdammnis? – »Beim Himmel!«
erwiderte die Alte, indem sie die Brille von der Nase nahm;
»meint Ihr, daß das kleine Eigentum, das wir uns in mühseli-   25
gen und jammervollen Jahren durch die Arbeit unserer
Hände erworben haben, dies grimmige, aus der Hölle stam-
mende Räubergesindel nicht reizt? Wenn wir uns nicht durch
List und den ganzen Inbegriff jener Künste, die die Notwehr
dem Schwachen in die Hände gibt, vor ihrer Verfolgung zu   30
sichern wüßten: der Schatten von Verwandtschaft, der über
unsere Gesichter ausgebreitet ist, der, könnt Ihr sicher glauben, tut es nicht!« – Es ist nicht möglich! rief der Fremde;
und wer auf dieser Insel verfolgt euch? »Der Besitzer dieses
Hauses«, antwortete die Alte: »der Neger Congo Hoango!   35

2. *wenn mich nicht alles trügt* unless I am completely deceived   9. *die Mittel verschaffen*
to procure the means   13. *gegen einander wüten* to rage against each other   14. . . . *wie
das andere.* The sentence expresses metaphorically the idea that all races and peoples
belong to the same human stock, but, unfortunately, wage war against each other.   16. *der
Schimmer von Licht* the glimmer of light (metaphor referring to the light brown tone of
her skin)   17. *erdämmern = dämmern* to dawn   18. *empfangen* here: conceived
(child)   19. *daß der volle Tag jenes Weltteils von dem ihrigen widerscheint?* that the full
day(light) of that continent is reflected in hers (= her face)?   23. *in einer Verdammnis*
(plunged) in(to) the same doom   28. *das Räubergesindel* brigands   29. *der ganze
Inbegriff jener Künste* every conceivable trick and skill (lit.: the whole aggregate of those
arts)   31. *der Schatten von Verwandtschaft* the shadow of kinship (again a metaphoric
allusion to the color of their skin)

Seit dem Tode Herrn Guillaumes, des vormaligen Eigentü-
mers dieser Pflanzung, der durch seine grimmige Hand beim
Ausbruch der Empörung fiel, sind wir, die wir ihm als Verwandte die Wirtschaft führen, seiner ganzen Willkür und
5   Gewalttätigkeit preis gegeben. Jedes Stück Brot, jeden Labetrunk den wir aus Menschlichkeit einem oder dem andern der
weißen Flüchtlinge, die hier zuweilen die Straße vorüberziehen, gewähren, rechnet er uns mit Schimpfwörtern und Mißhandlungen an; und nichts wünscht er mehr, als die Rache
10   der Schwarzen über uns weiße und kreolische Halbhunde,
wie er uns nennt, hereinhetzen zu können, teils um unserer
überhaupt, die wir seine Wildheit gegen die Weißen tadeln,
los zu werden, teils, um das kleine Eigentum, das wir hinter-
lassen würden, in Besitz zu nehmen.« – Ihr Unglücklichen!
15   sagte der Fremde; ihr Bejammernswürdigen! – Und wo
befindet sich in diesem Augenblick dieser Wüterich? »Bei
dem Heere des Generals Dessalines«, antwortete die Alte,
»dem er, mit den übrigen Schwarzen, die zu dieser Pflanzung
gehören, einen Transport von Pulver und Blei zuführt, des-
20   sen der General bedürftig war. Wir erwarten ihn, falls es
nicht auf neue Unternehmungen auszieht, in zehn oder zwölf
Tagen zurück; und wenn er alsdann, was Gott verhüten wolle, erführe, daß wir wir einem Weißen, der nach Port au
Prince wandert, Schutz und Obdach gegeben, während er
25   aus allen Kräften an dem Geschäft Teil nimmt, das ganze Geschlecht derselben von der Insel zu vertilgen, wir wären alle,
das könnt Ihr glauben, Kinder des Todes.« Der Himmel, der
Menschlichkeit und Mitleiden liebt, antwortete der Fremde,
wird Euch in dem, was Ihr einem Unglücklichen tut, be-
30   schützen! – Und weil Ihr Euch, setzte er, indem er der Alten
näher rückte, hinzu, einmal in diesem Falle des Negers Unwillen zugezogen haben würdet, und der Gehorsam, wenn
Ihr auch dazu zurückkehren wolltet, Euch fürderhin zu nichts
helfen würde; könnt Ihr Euch wohl, für jede Belohnung, die
35   Ihr nur verlangen mögt, entschließen, meinem Oheim und

---

3. *fiel* here: died   4. *die Wirtschaft führen* to keep house   5. *preisgegeben sein (dat.)*
to be at the mercy of   6. *der Labetrunk, -(e)s* refreshing draught   9. *an-rechnen* to
account for, repay with   11. *die Rache (über jemanden) hereinhetzen* to call forth revenge upon s.o. (*hetzen* = to incite, hunt, chase, sick on)   15. *bejammernswürdig* pitiable   20. *bedürftig sein (gen.)* to be in need of   25. *Teil nimmt = teilnimmt*   26. *das
ganze Geschlecht derselben* the entire race of them (*derselben* refers to *die Weißen*)
32. *. . . . weil Ihr Euch . . . einmal in diesem Falle des Negers Unwillen zugezogen haben
würdet* since in this case you would have drawn upon yourself the black man's wrath
33. *. . . . der Gehorsam, wenn Ihr auch dazu zurückkehren wolltet* even if you wished to
go back to obeying him   *fürderhin = fernerhin* henceforth

seiner Familie, die durch die Reise aufs äußerste angegriffen
sind, auf einen oder zwei Tage in Eurem Hause Obdach zu
geben, damit sie sich ein wenig erholten? – »Junger Herr!«
sprach die Alte betroffen, »was verlangt Ihr da? Wie ist es, in
einem Hause, das an der Landstraße liegt, möglich, einen   5
Troß von solcher Größe, als der Eurige ist, zu beherbergen,
ohne daß er den Einwohnern des Landes verraten würde?« –
Warum nicht? versetzte der Fremde dringend: wenn ich sogleich selbst an den Möwenweiher hinausginge, und die Gesellschaft, noch vor Anbruch des Tages, in die Niederlassung   10
einführte; wenn man alles, Herrschaft und Dienerschaft, in
einem und demselben Gemach des Hauses unterbrächte,
und, für den schlimmsten Fall, etwa noch die Vorsicht ge-
brauchte, Türen und Fenster desselben sorgfältig zu ver-
schließen? – Die Alte erwiderte, nachdem sie den Vorschlag   15
während einiger Zeit erwogen hatte: »daß, wenn er, in der
heutigen Nacht, unternehmen wollte, den Troß aus seiner
Bergschlucht in die Niederlassung einzuführen, er, bei der
Rückkehr von dort, unfehlbar auf einen Trupp bewaffneter
Neger stoßen würde, der, durch einige vorangeschickte   20
Schützen auf der Heerstraße angesagt worden wäre.« –
Wohlan! versetzte der Fremde: so begnügen wir uns, für diesen Augenblick, den Unglücklichen einen Korb mit Lebens-
mitteln zuzusenden, und sparen das Geschäft, sie in die Nie-
derlassung einzuführen, für die nächstfolgende Nacht auf.   25
Wollt Ihr, gutes Mütterchen, das tun? – »Nun«, sprach die
Alte, unter vielfachen Küssen, die von den Lippen des Fremden auf ihre knöcherne Hand niederregneten: »um des Euro-
päers, meiner Tochter Vater willen, will ich euch, seinen be-
drängten Landsleuten, diese Gefälligkeit erweisen. Setzt   30
Euch beim Anbruch des morgenden Tages hin, und ladet die
Eurigen in einem Schreiben ein, sich zu mir in die Niederlassung zu verfügen; der Knabe, den Ihr im Hofe gesehen, mag
ihnen das Schreiben mit einigem Mundvorrat überbringen,
die Nacht über zu ihrer Sicherheit in den Bergen verweilen, 35

---

1. *angegriffen* here: exhausted 4. *betroffen* here: startled 6. *einen Troß von solcher
Größe* here: a party of travelers as large as that 11. *wenn ich . . . in die Niederlassung
einführte (= hereinführte)* if I . . . led into the settlement 16. *den Vorschlag erwägen*
to consider the proposal 20. *auf einen Trupp stoßen* to run into a troop,
detachment 21. *an-sagen* here: to report 25. *das Geschäft auf-sparen* to put off the
business 30. *eine Gefälligkeit erweisen* to do a favor 33. *sich verfügen (nach, zu)* to
betake oneself (to) 34. *der Mundvorrat* provisions, supplies

und dem Trosse beim Anbruch des nächstfolgenden Tages,
wenn die Einladung angenommen wird, auf seinem Wege
hierher zum Führer dienen.«

Inzwischen war Toni mit einem Mahl, das sie in der Küche
bereitet hatte, wiedergekehrt, und fragte die Alte mit einem
Blick auf den Fremden, schäkernd, indem sie den Tisch deck-
te: Nun, Mutter, sagt an! Hat sich der Herr von dem
Schreck, der ihn vor der Tür ergriff, erholt? Hat er sich
überzeugt, daß weder Gift noch Dolch auf ihn warten, und
daß der Neger Hoango nicht zu Hause ist? Die Mutter sagte
mit einem Seufzer: »mein Kind, der Gebrannte scheut, nach
dem Sprichwort, das Feuer. Der Herr würde töricht gehan-
delt haben, wenn er sich früher in das Haus hineingewagt
hätte, als bis er sich von dem Volksstamm, zu welchem seine
Bewohner gehören, überzeugt hatte.« Das Mädchen stellte
sich vor die Mutter, und erzählte ihr: wie sie die Laterne so
gehalten, daß ihr der volle Strahl davon ins Gesicht gefallen
wäre. Aber seine Einbildung, sprach sie, war ganz von Moh-
ren und Negern erfüllt; und wenn ihm einen Dame von Paris
oder Marseille die Türe geöffnet hätte, er würde sie für eine
Negerin gehalten haben. Der Fremde, indem er den Arm
sanft um ihren Leib schlug, sagte verlegen: daß der Hut, den
sie aufgehabt, ihn verhindert hätte, ihr ins Gesicht zu schaun.
Hätte ich dir, fuhr er fort, indem er sie lebhaft an seine Brust
drückte, ins Auge sehen können, so wie ich es jetzt kann: so
hätte ich, auch wenn alles Übrige an dir schwarz gewesen
wäre, aus einem vergifteten Becher mit dir trinken wollen.
Die Mutter nötigte ihn, der bei diesen Worten rot geworden
war, sich zu setzen, worauf Toni sich neben ihm an der Tafel
niederließ, und mit aufgestützten Armen, während der
Fremde aß, in sein Antlitz sah. Der Fremde fragte sie: wie alt
sie wäre? und wie ihre Vaterstadt hieße? worauf die Mutter
das Wort nahm und ihm sagte: »daß Toni vor funfzehn Jahren auf einer Reise, welche sie mit der Frau des Herrn Villeneuve, ihres vormaligen Prinzipals, nach Europa gemacht hät-

---

6. *schäkern* to joke, make fun 12. *der Gebrannte scheut das Feuer* the burnt child
shuns the fire 14. *der Volksstamm* ethnic group, race 15. *seine Bewohner* *seine* refers
back to Haus 22. *den Arm um (jemandes) Leib schlagen* to put an arm around (s.o.'s)
waist 23. *schaun = schauen* 27. *aus einem vergifteten Becher* Kleist is suggesting here
that even if all rational evidence points to the contrary (the cup being poisoned), Gustav
would still have believed in Toni's innocence (an extreme form of a *Vertrauensprobe*, a test
of trust!) 35. *der Prinzipal* here: master, boss

te, in Paris von ihr empfangen und geboren worden wäre. Sie
setzte hinzu, daß der Neger Komar, den sie nachher geheiratet, sie zwar an Kindes Statt angenommen hätte, daß ihr Vater aber eigentlich ein reicher Marseiller Kaufmann, namens
Bertrand wäre, von dem sie auch Toni Bertrand hieße.« –   5
Toni fragte ihn: ob er einen solchen Herrn in Frankreich
kenne? Der Fremde erwiderte: nein! das Land wäre groß, und
während des kurzen Aufenthalts, den er bei seiner Einschiffung nach Westindien darin genommen, sei ihm keine
Person dieses Namens vorgekommen. Die Alte versetzte daß   10
Herr Bertrand auch, nach ziemlich sicheren Nachrichten, die
sie eingezogen, nicht mehr in Frankreich befindlich sei. Sein
ehrgeiziges und aufstrebendes Gemüt, sprach sie, gefiel sich
in dem Kreis bürgerlicher Tätigkeit nicht; er mischte sich
beim Ausbruch der Revolution in die öffentlichen Geschäfte,   15
und ging im Jahr 1795 mit einer französischen Gesandtschaft
an den türkischen Hof, von wo er, meines Wissens, bis diesen
Augenblick noch nicht zurückgekehrt ist. Der Fremde sagte
lächelnd zu Toni, indem er ihre Hand faßte: daß sie ja in diesem Falle ein vornehmes und reiches Mädchen wäre. Er mun-   20
terte sie auf, diese Vorteile geltend zu machen, und meinte,
daß sie Hoffnung hätte, noch einmal an der Hand ihres Vaters in glänzendere Verhältnisse, als in denen sie jetzt lebte,
eingeführt zu werden! »Schwerlich«, versetzte die Alte mit
unterdrückter Empfindlichkeit. »Herr Bertrand leugnete mir,   25
während meiner Schwangerschaft zu Paris, aus Scham vor einer jungen reichen Braut, die er heiraten wollte, die Vaterschaft zu diesem Kinde vor Gericht ab. Ich werde den Eidschwur, den er die Frechheit hatte, mir ins Gesicht zu leisten,
niemals vergessen, ein Gallenfieber war die Folge davon, und   30
bald darauf noch sechzig Peitschenhiebe, die mir Herr Villeneuve geben ließ, und in deren Folge ich noch bis auf diesen
Tag an der Schwindsucht leide.« – – Toni, welche den Kopf
gedankenvoll auf ihre Hand gelegt hatte, fragte den Fremden:
wer er denn wäre? wo er herkäme und wo er hinginge? wor-   35

---

3. *an Kindes Statt annehmen* to adopt as one's own child   10. *vor-kommen* here: to
turn up   12. *Nachrichten ein-ziehen* to gather information   21. *geltend machen* to
put forward   28. *die Vaterschaft ab-leugnen* to deny paternity   29. *einen Eidschwur
leisten* to swear an oath   30. *das Gallenfieber* bilious fever

auf dieser nach einer kurzen Verlegenheit, worin ihn die er-
bitterte Rede der Alten versetzt hatte, erwiderte: daß er mit
Herrn Strömlis, seines Oheims Familie, die er, unter dem
Schutze zweier jungen Vettern, in der Bergwaldung am Mö-
5   wenweiher zurückgelassen, vom Fort Dauphin käme. Er erzählte, auf des Mädchens Bitte, mehrere Züge der in dieser
Stadt ausgebrochenen Empörung; wie zur Zeit der Mitternacht, da alles geschlafen, auf ein verräterisch gegebenes Zeichen, das Gemetzel der Schwarzen gegen die Weißen losge-
10   gangen wäre; wie der Chef der Neger, ein Sergeant bei dem
französischen Pionierkorps, die Bosheit gehabt, sogleich alle
Schiffe im Hafen in Brand zu stecken, um den Weißen die
Flucht nach Europa abzuschneiden; wie die Familie kaum
Zeit gehabt, sich mit einigen Habseligkeiten vor die Tore der
15   Stadt zu retten, und wie ihr, bei dem gleichzeitigen Auflo-
dern der Empörung in allen Küstenplätzen, nichts übrig geblieben wäre, als mit Hülfe zweier Maulesel, die sie aufge-
trieben, den Weg quer durch das ganze Land nach Port au
Prince einzuschlagen, das allein noch, von einem starken
20   französischen Heere beschützt, der überhand nehmenden
Macht der Neger in diesem Augenblick Widerstand leiste. –
Toni fragte: wodurch sich denn die Weißen daselbst so verhaßt gemacht hätten? – Der Fremde erwiderte betroffen:
durch das allgemeine Verhältnis, das sie, als Herren der In-
25   sel, zu den Schwarzen hatten, und das ich, die Wahrheit zu
gestehen, mich nicht unterfangen will, in Schutz zu nehmen;
das aber schon seit vielen Jahrhunderten auf diese Weise bestand! Der Wahnsinn der Freiheit, der alle diese Pflanzungen
ergriffen hat, trieb die Neger und Kreolen, die Ketten, die
30   sie drückten, zu brechen, und an den Weißen wegen vielfa-
cher und tadelnswürdiger Mißhandlungen, die sie von einigen
schlechten Mitgliedern derselben erlitten, Rache zu nehmen.
– Besonders, fuhr er nach einem kurzen Stillschweigen fort,
war mir die Tat eines jungen Mädchens schauderhaft und
35   merkwürdig. Dieses Mädchen, vom Stamm der Neger, lag

---

6. *mehrere Züge* here: several features 8. *da alles geschlafen* when everyone was asleep
11. *das Pionierkorps* Corps of Engineers 14. *mit einigen Habseligkeiten* with a few
belongings 16. *auf-lodern* to flare up, break out 17. *die Hülfe = die Hilfe* 18. *auf-
treiben* here: to hunt up, get a hold of 19. *den Weg ein-schlagen* to set out
20. *überhand-nehmen* to increase, grow steadily 26. *sich unterfangen* to dare,
attempt

gerade zur Zeit, da die Empörung aufloderte, an dem gelben
Fieber krank, das zur Verdoppelung des Elends in der Stadt
ausgebrochen war. Sie hatte drei Jahre zuvor einem Pflanzer
vom Geschlecht der Weißen als Sklavin gedient, der sie aus
Empfindlichkeit, weil sie sich seinen Wünschen nicht willfäh-   5
rig gezeigt hatte, hart behandelt und nachher an einen kreoli-
schen Pflanzer verkauft hatte. Da nun das Mädchen an dem
Tage des allgemeinen Aufruhrs erfuhr, daß sich der Pflanzer,
ihr ehemaliger Herr, vor der Wut der Neger, die ihn ver-
folgten, in einen nahegelegenen Holzstall geflüchtet hatte: so   10
schickte sie, jener Mißhandlungen eingedenk, beim Anbruch
der Dämmerung, ihren Bruder zu ihm, mit der Einladung,
bei ihr zu übernachten. Der Unglückliche, der weder wußte,
daß das Mädchen unpäßlich war, noch an welcher Krankheit
sie litt, kam und schloß sie voll Dankbarkeit, da er sich geret-   15
tet glaubte, in seine Arme: doch kaum hatte er eine halbe
Stunde unter Liebkosungen und Zärtlichkeiten in ihrem Bette
zugebracht, als sie sich plötzlich mit dem Ausdruck wilder
und kalter Wut, darin erhob und sprach: eine Pestkranke, die
den Tod in der Brust trägt, hast du geküßt: geh und gib das   20
gelbe Fieber allen denen, die dir gleichen! – Der Offizier,
während die Alte mit lauten Worten ihren Abscheu hierüber
zu erkennen gab, fragte Toni: ob sie wohl einer solchen Tat
fähig wäre? Nein! sagte Toni, indem sie verwirrt vor sich
niedersah. Der Fremde, indem er das Tuch auf dem Tische   25
legte, versetzte: daß, nach dem Gefühl seiner Seele, keine
Tyrannei, die die Weißen je verübt, einen Verrat, so niederträchtig und abscheulich, rechtfertigen könnten. Die Rache
des Himmels, meinte er, indem er sich mit einem leiden-
schaftlichen Ausdruck erhob, würde dadurch entwaffnet: die   30
Engel selbst, dadurch empört, stellten sich auf Seiten derer,
die Unrecht hätten, und nähmen, zur Aufrechthaltung
menschlicher und göttlicher Ordnung, ihre Sache! Er trat bei
diesen Worten auf einen Augenblick an das Fenster, und sah
in die Nacht hinaus, die mit stürmischen Wolken über den   35

---

3. *der Pflanzer* here: plantation owner 6. *sich willfährig zeigen* to be compliant
11. *eingedenk (gen.)* mindful of, remembering 14. *unpäßlich* indisposed 23. *Abscheu zu erkennen geben* to express abhorrence 25. *das Tuch* here: napkin 26. *auf
dem Tische legte = auf den Tisch legte* Occasionally, Kleist erroneously uses the dative
where the accusative is called for. 33. *ihre Sache nehmen* to take their side

Mond und die Sterne vorüber zog; und da es ihm schien, als
ob Mutter und Tochter einander ansähen, obschon er auf
keine Weise merkte, daß sie sich Winke zugeworfen hätten: so
überkam ihn ein widerwärtiges und verdrießliches Gefühl; er
wandte sich und bat, daß man ihm das Zimmer anweisen
möchte, wo er schlafen könne.

Die Mutter bemerkte, indem sie nach der Wanduhr sah,
daß es überdies nahe an Mitternacht sei, nahm ein Licht in
die Hand und forderte den Fremden auf, ihr zu folgen. Sie
führte ihn durch einen langen Gang in das für ihn bestimmte
Zimmer; Toni trug den Überrock des Fremden und mehrere
andere Sachen, die er abgelegt hatte; die Mutter zeigte ihm
ein von Polstern bequem aufgestapeltes Bett, worin er schlafen sollte, und nachdem sie Toni noch befohlen hatte, dem
Herrn ein Fußbad zu bereiten, wünschte sie ihm eine gute
Nacht und empfahl sich. Der Fremde stellte seinen Degen in
den Winkel und legte ein Paar Pistolen, die er im Gürtel trug,
auf den Tisch. Er sah sich, während Toni das Bett vorschob
und ein weißes Tuch darüber breitete, im Zimmer um; und
da er gar bald, aus der Pracht und dem Geschmack, die darin
herrschten, schloß, daß es dem vormaligen Besitzer der Pflanzung angehört haben müsse: so legte sich ein Gefühl der Unruhe wie ein Geier um sein Herz, und er wünschte sich, hung-
rig und durstig, wie er gekommen war, wieder in die Waldung zu den Seinigen zurück. Das Mädchen hatte mittlerweile, aus der nahgelegenen Küche, ein Gefäß mit warmem Wasser, von wohlriechenden Kräutern duftend, hereingeholt, und
forderte den Offizier, der sich in das Fenster gelehnt hatte,
auf, sich darin zu erquicken. Der Offizier ließ sich, während
er sich schweigend von der Halsbinde und der Weste befreite, auf den Stuhl nieder; er schickte sich an, sich die Füße zu
entblößen, und während das Mädchen, auf ihre Kniee vor
ihm hingekauert, die kleinen Vorkehrungen zum Bade besorgte, betrachtete er ihre einnehmende Gestalt. Ihr Haar, in
dunkeln Locken schwellend, war ihr, als sie niederkniete,

3. *sich Winke zu-werfen* to give signals to each other   8. *überdies* moreover   13. *ein
von Polstern bequem aufgestapeltes Bett* a bed comfortably heaped up with pillows
21. *schließen aus* to conclude from   25. *zu den Seinigen* with his own people
29. *(darin) erquicken* to refresh (with it)   31. *sich an-schicken (etwas zu tun).* to be
about (to do s.th.)   34. *Vorkehrungen besorgen* to busy oneself with arrangements

auf ihre jungen Brüste herabgerollt; ein Zug von ausnehmender Anmut spielte um ihre Lippen und über ihre langen, über die gesenkten Augen hervorragenden Augenwimpern; er hätte, bis auf die Farbe, die ihm anstößig war, schwören mögen, daß er nie etwas Schöneres gesehen. Dabei fiel ihm eine entfernte Ähnlichkeit, er wußte noch selbst nicht recht mit wem, auf, die er schon bei seinem Eintritt in das Haus bemerkt hatte, und die seine ganze Seele für sie in Anspruch nahm. Er ergriff sie, als sie in den Geschäften, die sie betrieb, aufstand, bei der Hand, und da er gar richtig schloß, daß es nur ein Mittel gab, zu erprüfen, ob das Mädchen ein Herz habe oder nicht, so zog er sie auf seinen Schoß nieder und fragte sie: »ob sie schon einem Bräutigam verlobt wäre?« Nein! lispelte das Mädchen, indem sie ihre großen schwarzen Augen in lieblicher Verschämtheit zur Erde schlug. Sie setzte, ohne sich auf seinem Schoß zu rühren, hinzu: Konelly, der junge Neger aus der Nachbarschaft, hätte zwar vor drei Monaten um sie angehalten; sie hätte ihn aber, weil sie noch zu jung wäre, ausgeschlagen. Der Fremde, der, mit seinen beiden Händen, ihren schlanken Leib umfaßt hielt, sagte: »in seinem Vaterlande wäre, nach einem daselbst herrschenden Sprichwort, ein Mädchen von vierzehn Jahren und sieben Wochen bejahrt genug, um zu heiraten.« Er fragte, während sie ein kleines, goldenes Kreuz, das er auf der Brust trug, betrachtete: »wie alt sie wäre?« – Funfzehn Jahre, erwiderte Toni. »Nun also!« sprach der Fremde. – »Fehlt es ihm denn an Vermögen, um sich häuslich, wie du es wünschest, mit dir niederzulassen?« Toni, ohne die Augen zu ihm aufzuschlagen, erwiderte: o nein! – Vielmehr, sprach sie, indem sie das Kreuz, das sie in der Hand hielt, fahren ließ: Konelly ist, seit der letzten Wendung der Dinge, ein reicher Mann geworden; seinem Vater ist die ganze Niederlassung, die sonst dem Pflanzer, seinem Herrn, gehörte, zugefallen. – »Warum lehntest du denn seinen Antrag ab?« fragte der Fremde. Er streichelte ihr freundlich das Haar von der Stirn und sprach: »gefiel er dir etwa

1. *ein Zug* here: an expression 4. *(jemandem) anstößig sein* to be repellent (to s.o.)
8. *in Anspruch nehmen* to lay claim on, absorb 9. *Geschäfte betreiben* here: to go about one's business 13. *lispeln* to murmur, whisper 18. *an-halten um (acc.)*. to ask for s.o.'s hand 19. *aus-schlagen (acc.)* here: to refuse s.o. 27. *sich häuslich niederlassen* to set up housekeeping 28. *die Augen auf-schlagen* to lift one's eyes 30. *fahren lassen* here: to let go 31. *seit der letzten Wendung der Dinge* since the recent changes 33. *(jemandem etwas) zu-fallen* to fall to s.o.'s share, inherit 34. *einen Antrag ab-lehnen* to refuse an offer (of marriage, etc.)

nicht?« Das Mädchen, indem sie kurz mit dem Kopf schüttel-
te, lachte; und auf die Frage des Fremden, ihr scherzend ins
Ohr geflüstert: ob es vielleicht ein Weißer sein müsse, der
ihre Gunst davon tragen solle? legte sie sich plötzlich, nach
einem flüchtigen, träumerischen Bedenken, unter einem
überaus reizenden Erröten, das über ihr verbranntes Gesicht
aufloderte, an seine Brust. Der Fremde, von ihrer Anmut
und Lieblichkeit gerührt, nannte sie sein liebes Mädchen, und
schloß sie, wie durch göttliche Hand von jeder Sorge erlöst,
in seine Arme. Es war ihm unmöglich zu glauben, daß alle
diese Bewegungen, die er an ihr wahrnahm, der bloße elende
Ausdruck einer kalten und gräßlichen Verräterei sein sollten.
Die Gedanken, die ihn beunruhigt hatten, wichen, wie ein
Heer schauerlicher Vögel, von ihm; er schalt sich, ihr Herz
nur einen Augenblick verkannt zu haben, und während er sie
auf seinen Knieen schaukelte, und den süßen Atem einsog,
den sie ihm heraufsandte, drückte er, gleichsam zum Zeichen
der Aussöhnung und Vergebung, einen Kuß auf ihre Stirn.
Inzwischen hatte sich das Mädchen, unter einem sonderbar
plötzlichen Aufhorchen, als ob jemand von dem Gange her
der Tür nahte, emporgerichtet; sie rückte sich gedankenvoll
und träumerisch das Tuch, das sich über ihrer Brust verscho-
ben hatte, zurecht; und erst als sie sah, daß sie von einem Irr-
tum getäuscht worden war, wandte sie sich mit einigem Ausdruck von Heiterkeit wieder zu dem Fremden zurück und erinnerte ihn: daß sich das Wasser, wenn er nicht bald Gebrauch davon machte, abkälten würde. – Nun? sagte sie betreten, da der Fremde schwieg und sie gedankenvoll betrachtete: was seht Ihr mich so aufmerksam an? Sie suchte, indem
sie sich mit ihrem Latz beschäftigte, die Verlegenheit, die sie
ergriffen, zu verbergen, und rief lachend: wunderlicher Herr,
was fällt Euch in meinem Anblick so auf? Der Fremde, der
sich mit der Hand über die Stirn gefahren war, sagte, einen
Seufzer unterdrückend, indem er sie von seinem Schoß her-
unterhob: »eine wunderbare Ähnlichkeit zwischen dir und

4. *ihre Gunst davontragen* to win her favor 6. *verbranntes Gesicht* sunburned face
11. *(etwas an jemandem) wahr-nehmen* to detect, sense (s.th. in s.o.) 14. *weichen
von* to retreat from 16. *den (süßen) Atem ein-saugen* to drink in the (sweet) breath
17. *gleichsam* as it were 20. *unter einem sonderbar plötzlichen Aufhorchen* while
pricking up her ears in a strangely sudden manner 22. *das Tuch* here: scarf 23. *zurecht-
rücken* to straighten, rearrange 29. *was seht Ihr mich so aufmerksam an?* why are you
staring at me so (attentively)? 32. *in meinem Anblick* here: in my appearance

einer Freundin!« – Toni, welche sichtbar bemerkte, daß sich
seine Heiterkeit zerstreut hatte, nahm ihn freundlich und
teilnehmend bei der Hand, und fragte: mit welcher? worauf
jener, nach einer kurzen Besinnung das Wort nahm und
sprach:»Ihr Name war Mariane Congreve und ihre Vater-   5
stadt Straßburg. Ich hatte sie in dieser Stadt, wo ihr Vater
Kaufmann war, kurz vor dem Ausbruch der Revolution kennen gelernt, und war glücklich genug gewesen, ihr Jawort
und vorläufig auch ihrer Mutter Zustimmung zu erhalten.
Ach, es war die treuste Seele unter der Sonne; und die   10
schrecklichen und rührenden Umstände, unter denen ich sie
verlor, werden mir, wenn ich dich ansehe, so gegenwärtig,
daß ich mich vor Wehmut der Tränen nicht enthalten kann.«
Wie? sagte Toni, indem sie sich herzlich und innig an ihn
drückte: sie lebt nicht mehr? – »Sie starb«, antwortete der   15
Fremde, »und ich lernte den Inbegriff aller Güte und Vortrefflichkeit erst mit ihrem Tode kennen. Gott weiß«, fuhr er
fort, indem er sein Haupt schmerzlich an ihre Schulter lehnte, »wie ich die Unbesonnenheit so weit treiben konnte, mir
eines Abends an einem öffentlichen Ort Äußerungen über das   20
eben errichtete furchtbare Revolutionstribunal zu erlauben.
Man verklagte, man suchte mich; ja, in Ermangelung meiner,
der glücklich genug gewesen war, sich in die Vorstadt zu retten, lief die Rotte meiner rasenden Verfolger, die ein Opfer
haben mußte, nach der Wohnung meiner Braut, und durch   25
ihre wahrhaftige Versicherung, daß sie nicht wisse, wo ich
sei, erbittert, schleppte man dieselbe, unter dem Vorwand,
daß sie mit mir im Einverständnis sei, mit unerhörter Leichtfertigkeit statt meiner auf den Richtplatz. Kaum war mir
diese entsetzliche Nachricht hinterbracht worden, als ich so-   30
gleich aus dem Schlupfwinkel, in welchen ich mich geflüchtet
hatte, hervortrat, und indem ich, die Menge durchbrechend,
nach dem Richtplatz eilte, laut ausrief: Hier, ihr Unmenschlichen, hier bin ich! Doch sie, die schon auf dem Gerüste der
Guillotine stand, antwortete auf die Frage einiger Richter,   35

3. *teilnehmend* sympathetically 4. *nach einer kurzen Besinnung* after a brief
(moment of) reflection 7. *Revolution* the reference is to the French Revolution of
1789. *ihr Jawort* her consent 12. *werden mir . . . gegenwärtig* come back to
me 13. *sich der Tränen enthalten* to restrain one's tears 17. *der Inbegriff aller Güte
und Vortrefflichkeit* the epitome of everything good and noble 22. *in Ermangelung
meiner* since I was missing 29. *mit unerhörter Leichtfertigkeit* with unspeakable
wantonness 30. *hinterbringen* to (secretly) inform

denen ich unglücklicher Weise fremd sein mußte, indem sie
sich mit einem Blick, der mir unauslöschlich in die Seele geprägt ist, von mir abwandte: diesen Menschen kenne ich
nicht! – worauf unter Trommeln und Lärmen, von den unge-
duldigen Blutmenschen angezettelt, das Eisen, wenige Augenblicke nachher, herabfiel, und ihr Haupt von seinem
Rumpfe trennte. – Wie ich gerettet worden bin, das weiß ich
nicht; ich befand mich, eine Viertelstunde darauf, in der
Wohnung eines Freundes, wo ich aus einer Ohnmacht in die
andere fiel, und halbwahnwitzig gegen Abend auf einen Wagen geladen und über den Rhein geschafft wurde.« – Bei diesen Worten trat der Fremde, indem er das Mädchen losließ,
an das Fenster; und da diese sah, daß er sein Gesicht sehr gerührt in ein Tuch drückte: so überkam sie, von manchen Seiten geweckt, ein menschliches Gefühl; sie folgte ihm mit einer plötzlichen Bewegung, fiel ihm um den Hals, und
mischte ihre Tränen mit den seinigen.

Was weiter erfolgte, brauchen wir nicht zu melden, weil es
jeder, der an diese Stelle kommt, von selbst liest. Der Fremde,
als er sich wieder gesammlet hatte, wußte nicht, wohin ihn die
Tat, die er begangen, führen würde; inzwischen sah er so viel
ein, daß er gerettet, und in dem Hause, in welchem er sich befand, für ihn nichts von dem Mädchen zu befürchten war. Er
versuchte, da er sie mit verschränkten Armen auf dem Bett weinen sah, alles nur Mögliche, um sie zu beruhigen. Er nahm sich
das kleine goldene Kreuz, ein Geschenk der treuen Mariane,
seiner abgeschiedenen Braut, von der Brust; und, indem er sich
unter unendlichen Liebkosungen über sie neigte, hing er es ihr
als ein Brautgeschenk, wie er es nannte, um den Hals. Er setzte
sich, da sie in Tränen zerfloß und auf seine Worte nicht hörte,
auf den Rand des Bettes nieder, und sagte ihr, indem er ihre
Hand bald streichelte, bald küßte: daß er bei ihrer Mutter am
Morgen des nächsten Tages um sie anhalten wolle. Er beschrieb
ihr, welch ein kleines Eigentum, frei und unabhängig, er an den
Ufern der Aar besitze; eine Wohnung, bequem und geräumig

---

3. *unauslöschlich in die Seele geprägt* indelibly stamped on my soul 5. *von den un-*
geduldigen Blutmenschen angezettelt here: encouraged by the bloodthirsty mob; *an-*
zetteln = to plot, scheme. This clause modifies *das Eisen*. 10. *halbwahnwitzig* half-
crazed 19. *von selbst liest* here: can make up the story himself 20. *gesammlet* =
gesammelt from: *sich sammeln* to recover oneself (one's self-possession) 24. *mit*
verschränkten Armen with folded arms 27. *abgeschieden* = *verschieden* departed,
dead 30. *in Tränen zerfließen* to dissolve in tears 35. *die Aar* = *die Aare* a confluent
of the Rhine in Switzerland

genug, sie und auch ihre Mutter, wenn ihr Alter die Reise zulasse, darin aufzunehmen; Felder, Gärten, Wiesen und Weinberge; und einen alten ehrwürdigen Vater, der sie dankbar und liebreich daselbst, weil sie seinen Sohn gerettet, empfangen würde. Er schloß sie, da ihre Tränen in unendlichen Ergießungen   5
auf das Bettkissen niederflossen, in seine Arme und fragte sie,
von Rührung selber ergriffen: was er ihr zu Leide getan und ob
sie ihm nicht vergeben könne? Er schwor ihr, daß die Liebe für
sie nie aus seinem Herzen weichen würde, und daß nur, im
Taumel wunderbar verwirrter Sinne, eine Mischung von Be-   10
gierde und Angst, die sie ihm eingeflößt, ihn zu einer solchen
Tat habe verführen können. Er erinnerte sie zuletzt, daß die
Morgensterne funkelten, und daß, wenn sie länger im Bette
verweilte, die Mutter kommen und sie darin überraschen würde; er forderte sie, ihrer Gesundheit wegen, auf, sich zu erheben   15
und noch einige Stunden auf ihrem eignen Lager auszuruhen; er
fragte sie, durch ihren Zustand in die entsetzlichsten Besorg-
nisse gestürzt, ob er sie vielleicht in seinen Armen aufheben und
in ihre Kammer tragen solle; doch da sie auf alles, was er vorbrachte, nicht antwortete, und, ihr Haupt stilljammernd, ohne   20
sich zu rühren, in ihre Arme gedrückt, auf den verwirrten Kissen des Bettes dalag: so blieb ihm zuletzt, hell wie der Tag schon
durch beide Fenster schimmerte, nichts übrig, als sie, ohne weitere Rücksprache, aufzuheben; er trug sie, die wie eine Leblose
von seiner Schulter niederhing, die Treppe hinauf in ihre   25
Kammer, und nachdem er sie auf ihr Bett niedergelegt, und ihr
unter tausend Liebkosungen noch einmal alles, was er ihr schon
gesagt, wiederholt hatte, nannte er sie noch einmal seine liebe
Braut, drückte einen Kuß auf ihre Wangen, und eilte in sein
Zimmer zurück.   30
   Sobald der Tag völlig angebrochen war, begab sich die alte
Babekan zu ihrer Tochter hinauf, und eröffnete ihr, indem sie
sich an ihr Bett niedersetzte, welch einen Plan sie mit dem
Fremden sowohl, als seiner Reisegesellschaft vorhabe. Sie
meinte, daß, da der Neger Congo Hoango erst in zwei Tagen   35

7. *zu Leide tun* to do harm   10. *im Taumel wunderbar verwirrter Sinne* in the delirium
of strangely bewildered senses 16. *das Lager* here: bed 20. *alles, was er vorbrachte* all
his proposals 21. *verwirrten (Kissen)* here: tumbled (pillows) 24. *ohne weitere
Rücksprache* without further consultation, ado 31. *der Tag bricht an* the day
dawns 32. *eröffnen* here: to disclose

wiederkehre, alles darauf ankäme, den Fremden während dieser
Zeit in dem Hause hinzuhalten, ohne die Familie seiner Ange-
hörigen, deren Gegenwart, ihrer Menge wegen, gefährlich
werden könnte, darin zuzulassen. Zu diesem Zweck, sprach sie,
habe sie erdacht, dem Fremden vorzuspiegeln, daß, einer soeben eingelaufenen Nachricht zufolge, der General Dessalines
sich mit seinem Heer in diese Gegend wenden werde, und daß
man mithin, wegen allzugroßer Gefahr, erst am dritten Tage,
wenn er vorüber wäre, würde möglich machen können, die Familie, seinem Wunsche gemäß, in dem Hause aufzunehmen.
Die Gesellschaft selbst, schloß sie, müsse inzwischen, damit sie
nicht weiter reise, mit Lebensmitteln versorgt, und gleichfalls,
um sich ihrer späterhin zu bemächtigen, in dem Wahn, daß sie
eine Zuflucht in dem Hause finden werde, hingehalten werden.
Sie bemerkte, daß die Sache wichtig sei, indem die Familie
wahrscheinlich beträchtliche Habseligkeiten mit sich führe;
und forderte die Tochter auf, sie aus allen Kräften in dem Vorhaben, das sie ihr angegeben, zu unterstützen. Toni, halb im
Bette aufgerichtet, indem die Röte des Unwillens ihr Gesicht
überflog, versetzte:»daß es schändlich und niederträchtig wäre,
das Gastrecht an Personen, die man in das Haus gelockt, also zu
verletzen. Sie meinte, daß ein Verfolgter, der sich ihrem Schutz
anvertraut, doppelt sicher bei ihnen sein sollte; und versicherte,
daß, wenn sie den blutigen Anschlag, den sie ihr geäußert, nicht
aufgäbe, sie auf der Stelle hingehen und dem Fremden anzeigen
würde, welch eine Mördergrube das Haus sei, in welchem er
geglaubt habe, seine Rettung zu finden.« Toni! sagte die Mutter, indem sie die Arme in die Seite stemmte, und dieselbe mit
großen Augen ansah. – »Gewiß!« erwiderte Toni, indem sie die
Stimme senkte.»Was hat uns dieser Jüngling, der von Geburt
gar nicht einmal ein Franzose, sondern, wie wir gesehen haben,
ein Schweizer ist, zu Leide getan, daß wir, nach Art der Räuber,
über ihn herfallen, ihn töten und ausplündern wollen? Gelten
die Beschwerden, die man hier gegen die Pflanzer führt, auch in
der Gegend der Insel, aus welcher er herkömmt? Zeigt nicht

1. *an-kommen auf* here: to depend on   5. *vor-spiegeln* to pretend, make believe
6. *einer soeben eingelaufenen Nachricht zufolge* according to some report just received
13. *in dem Wahn* under the delusion   14. *Zuflucht finden* to find refuge   20. *indem
die Röte des Unwillens ihr Gesicht überflog* a redflush of anger flitting across her
face   21. *also = so*   24. *der Anschlag* here: plot, scheme   26. *die Mördergrube* den
of assassins   28. *die Arme in die Seite stemmen* to put one's arms on one's
hips   35. *herkömmt = herkommt*

vielmehr alles, daß er der edelste und vortrefflichste Mensch ist,
und gewiß das Unrecht, das die Schwarzen seiner Gattung
vorwerfen mögen, auf keine Weise teilt?« – Die Alte, während
sie den sonderbaren Ausdruck des Mädchens betrachtete, sagte
bloß mit bebenden Lippen: daß sie erstaune. Sie fragte, was der 5
junge Portugiese verschuldet, den man unter dem Torweg kürzlich mit Keulen zu Boden geworfen habe? Sie fragte, was die
beiden Holländer verbrochen, die vor drei Wochen durch die
Kugeln der Neger im Hofe gefallen wären? Sie wollte wissen,
was man den drei Franzosen und so vielen andern einzelnen 10
Flüchtlingen, vom Geschlecht der Weißen, zur Last gelegt
habe, die mit Büchsen, Spießen und Dolchen, seit dem Ausbruch der Empörung, im Hause hingerichtet worden wären?
»Beim Licht der Sonne«, sagte die Tochter, indem sie wild aufstand, »du hast sehr Unrecht, mich an diese Greueltaten zu er- 15
innern! Die Unmenschlichkeiten, an denen ihr mich Teil zu
nehmen zwingt, empörten längst mein innerstes Gefühl; und
um mir Gottes Rache wegen alles, was vorgefallen, zu versöhnen, so schwöre ich dir, daß ich eher zehnfachen Todes sterben,
als zugeben werde, daß diesem Jüngling, so lange er sich in un- 20
serm Hause befindet, auch nur ein Haar gekrümmt werde.« –
Wohlan, sagte die Alte, mit einem plötzlichen Ausdruck von
Nachgiebigkeit: so mag der Fremde reisen! Aber wenn Congo
Hoango zurückkömmt, setzte sie hinzu, indem sie um das
Zimmer zu verlassen, aufstand, und erfährt, daß ein Weißer in 25
unserm Hause übernachtet hat, so magst du das Mitleiden, das
dich bewog, ihn gegen das ausdrückliche Gebot wieder abzie-
hen zu lassen, verantworten.
   Auf diese Äußerung, bei welcher, trotz aller scheinbaren
Milde, der Ingrimm der Alten heimlich hervorbrach, blieb das 30
Mädchen in nicht geringer Bestürzung im Zimmer zurück. Sie
kannte den Haß der Alten gegen die Weißen zu gut, als daß sie
hätte glauben können, sie werde eine solche Gelegenheit, ihn zu
sättigen, ungenutzt vorüber gehen lassen. Furcht, daß sie sogleich in die benachbarten Pflanzungen schicken und die Neger 35

2. *die Gattung* here: race   7. *mit Keulen zu Boden geworfen*   clubbed to the ground
11. *zur Last legen*   to reproach   21. *auch nur ein Haar krümmen*   so much as touching a
hair (on the young man's head)   28. *ab-ziehen lassen*   to let go   34. *den Haß
sättigen*   to satisfy one's hatred

zur Überwältigung des Fremden herbeirufen möchte, bewog
sie, sich anzukleiden und ihr unverzüglich in das untere Wohnzimmer zu folgen. Sie stellte sich, während diese verstört den
Speiseschrank, bei welchem sie ein Geschäft zu haben schien,
verließ, und sich an einen Spinnrocken niedersetzte, vor das an
die Tür geschlagene Mandat, in welchem allen Schwarzen bei
Lebensstrafe verboten war, den Weißen Schutz und Obdach zu
geben; und gleichsam als ob sie, von Schrecken ergriffen, das
Unrecht, das sie begangen, einsähe, wandte sie sich plötzlich,
und fiel der Mutter, die sie, wie sie wohl wußte, von hinten beobachtet hatte, zu Füßen. Sie bat, die Knie derselben um-
klammernd, ihr die rasenden Äußerungen, die sie sich zu Gun-
sten des Fremden erlaubt, zu vergeben; entschuldigte sich mit
dem Zustand, halb träumend, halb wachend, in welchem sie
von ihr mit den Vorschlägen zu seiner Überlistung, da sie noch
im Bette gelegen, überrascht worden sei, und meinte, daß sie
ihn ganz und gar der Rache der bestehenden Landesgesetze, die
seine Vernichtung einmal beschlossen, preis gäbe. Die Alte,
nach einer Pause, in der sie das Mädchen unverwandt betrachtete,
sagte: »Beim Himmel, diese deine Erklärung rettet ihm für
heute das Leben! Denn die Speise, da du ihn in deinen Schutz
zu nehmen drohtest, war schon vergiftet, die ihn der Gewalt
Congo Hoanges, seinem Befehl gemäß, wenigstens tot überlie-
fert haben würde.« Und damit stand sie auf und schüttete einen
Topf mit Milch, der auf dem Tisch stand, aus dem Fenster.
Toni, welche ihren Sinnen nicht traute, starrte, von Entsetzen
ergriffen, die Mutter an. Die Alte, während sie sich wieder niedersetzte, und das Mädchen, das noch immer auf den Knieen dalag, vom Boden aufhob, fragte: »was denn im Lauf einer einzigen
Nacht ihre Gedanken so plötzlich umgewandelt hätte? Ob sie
gestern, nachdem sie ihm das Bad bereitet, noch lange bei ihm
gewesen wäre? Und ob sie viel mit dem Fremden gesprochen
hätte?« Doch Toni, deren Brust flog, antwortete hierauf nicht,
oder nichts Bestimmtes; das Auge zu Boden geschlagen, stand
sie, indem sie sich den Kopf hielt, und berief sich auf einen

---

1. *zur Überwältigung des Fremden* in order to overpower the stranger 3. *verstört* here:
in confusion 5. *der Spinnrocken* spinning wheel 6. *das vor die Tür geschlagene Mandat* the proclamation nailed to the door 9. *das Unrecht ein-sehen* to realize the wrong
12. *die rasenden Äußerungen* the mad utterances 18. *preis geben = preis-geben* to
deliver, relinquish 33. *deren Brust flog* whose breast was heaving 34. *das Auge zu
Boden geschlagen* with eyes cast down 35. *sich berufen auf (acc.)* to refer to, plead

Traum; ein Blick jedoch auf die Brust ihrer unglücklichen Mutter, sprach sie, indem sie sich rasch bückte und ihre Hand küßte, rufe ihr die ganze Unmenschlichkeit der Gattung, zu der dieser Fremde gehöre, wieder ins Gedächtnis zurück: und beteuerte, indem sie sich umkehrte und das Gesicht in ihre Schürze drückte, daß, sobald der Neger Hoango eingetroffen wäre, sie sehen würde, was sie an ihr für eine Tochter habe.

Babekan saß noch in Gedanken versenkt, und erwog, woher wohl die sonderbare Leidenschaftlichkeit des Mädchens entspringe: als der Fremde mit einem in seinem Schlafgemach geschriebenen Zettel, worin er die Familie einlud, einige Tage in der Pflanzung des Negers Hoango zuzubringen, in das Zimmer trat. Er grüßte sehr heiter und freundlich die Mutter und die Tochter, und bat, indem er der Alten den Zettel übergab: daß man sogleich in die Waldung schicken und für die Gesellschaft, dem ihm gegebenen Versprechen gemäß, Sorge tragen möchte. Babekan stand auf und sagte, mit einem Ausdruck von Unruhe, indem sie den Zettel in den Wandschrank legte: »Herr, wir müssen Euch bitten, Euch sogleich in Euer Schlafzimmer zurück zu verfügen. Die Straße ist voll von einzelnen Negertrupps, die vorüberziehen und uns anmelden, daß sich der General Dessalines mit seinem Heer in diese Gegend wenden werde. Dies Haus, das jedem offen steht, gewährt Euch keine Sicherheit, falls Ihr Euch nicht in Eurem, auf den Hof hinausgehenden, Schlafgemach verbergt, und die Türen sowohl, als auch die Fensterladen, auf das sorgfältigste verschließt.« – Wie? sagte der Fremde betroffen: der General Dessalines – »Fragt nicht!« unterbrach ihn die Alte, indem sie mit einem Stock dreimal auf den Fußboden klopfte: »in Eurem Schlafgemach, wohin ich Euch folgen werde, will ich Euch alles erklären.« Der Fremde von der Alten mit ängstlichen Gebärden aus dem Zimmer gedrängt, wandte sich noch einmal unter der Tür und rief: aber wird man der Familie, die meiner harrt, nicht wenigstens einen Boten zusenden müssen, der sie –? »Es wird alles besorgt werden«, fiel ihm die Alte ein, während, durch ihr Klopfen ge-

---

7. *was sie an ihr für eine Tochter habe* what kind of a daughter she had   8. *in Gedanken versenkt* lost in thought   12. *zu-bringen* to spend (time)   25. *auf den Hof hinausgehend* facing the yard   31. *mit ängstlichen Gebärden* with anxious gestures   33. *harren (gen.)* to wait   35. *ein-fallen* here: to break into (a conversation)

rufen, der Bastardknabe, den wir schon kennen, hereinkam; und damit befahl sie Toni, die, dem Fremden den Rücken zukehrend, vor den Spiegel getreten war, einen Korb mit Lebensmitteln, der in dem Winkel stand, aufzunehmen; und Mutter, Tochter, der Fremde und der Knabe begaben sich in das Schlafzimmer hinauf.

Hier erzählte die Alte, indem sie sich auf gemächliche Weise auf den Sessel niederließ, wie man die ganze Nacht über auf den, den Horizont abschneidenden Bergen, die Feuer des Generals Dessalines schimmern gesehen: ein Umstand, der in der Tat gegründet war, obschon sich bis diesen Augenblick noch kein einziger Neger von seinem Heer, das südwestlich gegen Port au Prince anrückte, in dieser Gegend gezeigt hatte. Es gelang ihr, den Fremden dadurch in einen Wirbel von Unruhe zu stürzen, den sie jedoch nachher wieder durch die Versicherung, daß sie alles Mögliche, selbst in dem schlimmen Fall, daß sie Einquartierung bekäme, zu seiner Rettung beitragen würde, zu stillen wußte. Sie nahm, auf die wiederholte inständige Erinnerung desselben, unter diesen Umständen seiner Familie wenigstens mit Lebensmitteln beizuspringen, der Tochter den Korb aus der Hand, und indem sie ihn dem Knaben gab, sagte sie ihm: er solle an den Möwenweiher, in die nahgelegnen Waldberge hinaus gehen, und ihn der daselbst befindlichen Familie des fremden Offiziers überbringen. »Der Offizier selbst«, solle er hinzusetzen, »befinde sich wohl; Freunde der Weißen, die selbst viel der Partei wegen, die sie ergriffen, von den Schwarzen leiden müßten, hätten ihn in ihrem Hause mitleidig aufgenommen.« Sie schloß, daß sobald die Landstraße nur von den bewaffneten Negerhaufen, die man erwartete, befreit wäre, man sogleich Anstalten treffen würde, auch ihr, der Familie, ein Unterkommen in diesem Hause zu verschaffen. – Hast du verstanden? fragte sie, da sie geendet hatte. Der Knabe, indem er den Korb auf seinen Kopf setzte, antwortete: daß er den ihm beschriebenen Möwenweiher, an dem er zuweilen mit seinen Kameraden zu fischen pflege, gar wohl kenne, und daß er alles, wie

5. *sich begeben* to betake oneself 8. *die ganze Nacht über* throughout the entire night 9. *auf den, den Horizont abschneidenden Bergen* on the mountains set against (lit.: cutting off) the horizon 11. *der in der Tat gegründet war* which in fact was the case 17. *Einquartierung bekommen* to have troops quartered in the house 20. *beispringen mit* to help with 26. *Partei ergreifen* to side with 30. *Anstalten treffen* to make arrangements 31. *ein Unterkommen verschaffen* to offer shelter

man es ihm aufgetragen, an die daselbst übernachtende Familie
des fremden Herrn bestellen würde. Der Fremde zog sich, auf
die Frage der Alten: ob er noch etwas hinzuzusetzen hätte? noch
einen Ring vom Finger, und händigte ihn dem Knaben ein, mit
dem Auftrag, ihn zum Zeichen, daß es mit den überbrachten 5
Meldungen seine Richtigkeit habe, dem Oberhaupt der Familie, Herrn Strömli, zu übergeben. Hierauf traf die Mutter mehrere, die Sicherheit des Fremden, wie sie sagte, abzweckende
Veranstaltungen; befahl Toni, die Fensterladen zu verschlie-
ßen, und zündete selbst, um die Nacht, die dadurch in dem 10
Zimmer herrschend geworden war, zu zerstreuen, an einem auf
dem Kaminsims befindlichen Feuerzeug, nicht ohne Mühselig-
keit, indem der Zunder nicht fangen wollte, ein Licht an. Der
Fremde benutzte diesen Augenblick, um den Arm sanft um
Tonis Leib zu legen, und ihr ins Ohr zu flüstern: wie sie geschla- 15
fen? und: ob er die Mutter nicht von dem, was vorgefallen, unterrichten solle? doch auf die erste Frage antwortete Toni nicht,
und auf die andere versetzte sie, indem sie sich aus seinem Arm
loswand: nein, wenn Ihr mich liebt, kein Wort! Sie unterdrückte die Angst, die alle diese lügenhaften Anstalten in ihr 20
erweckten; und unter dem Vorwand, dem Fremden ein Frühstück zu bereiten, stürzte sie eilig in das untere Wohnzimmer
herab.

Sie nahm aus dem Schrank der Mutter den Brief, worin der
Fremde in seiner Unschuld die Familie eingeladen hatte, dem 25
Knaben in die Niederlassung zu folgen: und auf gut Glück hin,
ob die Mutter ihn vermissen würde, entschlossen, im schlimmsten Falle den Tod mit ihm zu leiden, flog sie damit dem schon
auf der Landstraße wandernden Knaben nach. Denn sie sah den
Jüngling, vor Gott und ihrem Herzen, nicht mehr als einen blo- 30
ßen Gast, dem sie Schutz und Obdach gegeben, sondern als ihren Verlobten und Gemahl an, und war willens, sobald nur
seine Partei im Hause stark genug sein würde, dies der Mutter,
auf deren Bestürzung sie unter diesen Umständen rechnete,
ohne Rückhalt zu erklären. »Nanky«, sprach sie, da sie den 35

---

1. *(jemandem etwas) auf-tragen* to charge (s.o. with s.th.) 7. *das Oberhaupt der Familie*
head of the family 9. *die Sicherheit des Fremden . . . abzweckende Veranstaltungen*
arrangements designed for the safety of the stranger (*ab-zwecken = bezwecken* to aim at)
13. *der Zunder wollte nicht fangen* the tinder would not catch 17. *unterrichten* here:
to inform 19. *sich los-winden aus* to twist out of 26. *auf gut Glück hin, ob . . .*
trusting to luck that . . . 35. *ohne Rückhalt* without reserve, plainly

Knaben atemlos und eilfertig auf der Landstraße erreicht hatte:
»die Mutter hat ihren Plan, die Familie Herrn Strömlis anbetreffend, umgeändert. Nimm diesen Brief! Er lautet an Herrn
Strömli, das alte Oberhaupt der Familie, und enthält die Einladung, einige Tage mit allem, was zu ihm gehört, in unserer
Niederlassung zu verweilen. – Sei klug und trage selbst alles
Mögliche dazu bei, diesen Entschluß zur Reife zu bringen;
Congo Hoango, der Neger, wird, wenn er wiederkömmt, es dir
lohnen!« Gut, gut, Base Toni, antwortete der Knabe. Er fragte,
indem er den Brief sorgsam eingewickelt in seine Tasche steckte: und ich soll dem Zuge, auf seinem Wege hierher, zum Führer dienen? »Allerdings«, versetzte Toni; »das versteht sich,
weil sie die Gegend nicht kennen, von selbst. Doch wirst du,
möglicher Truppenmärsche wegen, die auf der Landstraße statt
finden könnten, die Wanderung eher nicht, als um Mitternacht
antreten; aber dann dieselbe auch so beschleunigen, daß du vor
der Dämmerung des Tages hier eintriffst. – Kann man sich auf
dich verlassen?« fragte sie. Verlaßt euch auf Nanky! antwortete
der Knabe; ich weiß, warum ihr diese weißen Flüchtlinge in die
Pflanzung lockt, und der Neger Hoango soll mit mir zufrieden
sein!

Hierauf trug Toni dem Fremden das Frühstück auf; und
nachdem es wieder abgenommen war, begaben sich Mutter und
Tochter, ihrer häuslichen Geschäfte wegen, in das vordere
Wohnzimmer zurück. Es konnte nicht fehlen, daß die Mutter
einige Zeit darauf an den Schrank trat, und, wie es natürlich
war, den Brief vermißte. Sie legte die Hand, ungläubig gegen
ihr Gedächtsnis, einen Augenblick an den Kopf, und fragte
Toni: wo sie den Brief, den ihr der Fremde gegeben, wohl hin-
gelegt haben könne? Toni antwortete nach einer kurzen Pause,
in der sie auf den Boden niedersah: daß ihn der Fremde ja, ihres
Wissens, wieder eingesteckt und oben im Zimmer, in ihrer beider Gegenwart, zerrissen habe! Die Mutter schaute das Mädchen mit großen Augen an; sie meinte, sich bestimmt zu erinnern, daß sie den Brief aus seiner Hand empfangen und in den

---

5. *mit allem, was zu ihm gehört* here: with all his people   7. *einen Entschluß zur Reife
bringen* to bring a decision to fruition   9. *(jemandem etwas) lohnen* to reward (s.o. for
s.th.) *die Base* cousin (fem.)   11. *der Zug* here: party   22. *auf-tragen* here: to serve
23. *ab-nehmen (das Frühstück)* here: to clear the dishes   25. *es konnte nicht fehlen* it
was inevitable   32. *ihres Wissens* as she knew (Toni)

Schrank gelegt habe; doch da sie ihn nach vielem vergeblichen
Suchen darin nicht fand, und ihrem Gedächtnis, mehrerer ähnlichen Vorfälle wegen, mißtraute: so blieb ihr zuletzt nichts übrig, als der Meinung, die ihr die Tochter geäußert, Glauben zu
schenken. Inzwischen konnte sie ihr lebhaftes Mißvergnügen   5
über diesen Umstand nicht unterdrücken, und meinte, daß der
Brief dem Neger Hoango, um die Familie in die Pflanzung her-
einzubringen, von der größten Wichtigkeit gewesen sein würde.
Am Mittag und Abend, da Toni den Fremden mit Speisen bediente, nahm sie, zu seiner Unterhaltung an der Tischecke sit-   10
zend, mehreremal Gelegenheit, ihn nach dem Brief zu fragen;
doch Toni war geschickt genug, das Gespräch, so oft es auf diesen gefährlichen Punkt kam, abzulenken oder zu verwirren;
dergestalt, daß sie Mutter durch die Erklärungen des Fremden
über das eigentliche Schicksal des Briefes auf keine Weise ins   15
Reine kam. So verfloß der Tag; die Mutter verschloß nach dem
Abendessen aus Vorsicht, wie sie sagte, des Fremden Zimmer;
und nachdem sie noch mit Toni überlegt hatte, durch welche
List sie sich von neuem, am folgenden Tage, in den Besitz eines
solchen Briefes setzen könne, begab sie sich zur Ruhe, und be-   20
fahl dem Mädchen gleichfalls, zu Bette zu gehen.
   Sobald Toni, die diesen Augenblick mit Sehnsucht erwartet
hatte, ihre Schlafkammer erreicht und sich überzeugt hatte, daß
die Mutter entschlummert war, stellte sie das Bildnis der heiligen Jungfrau, das neben ihrem Bette hing, auf einen Sessel, und   25
ließ sich mit verschränkten Händen auf Knieen davor nieder.
Sie flehte den Erlöser, ihren göttlichen Sohn, in einem Gebet
voll unendlicher Inbrunst, um Mut und Standhaftigkeit an,
dem Jüngling, dem sie sich zu eigen gegeben, das Geständnis
der Verbrechen, die ihren jungen Busen beschwerten, abzule-   30
gen. Sie gelobte, diesem, was es ihrem Herzen auch kosten
würde, nichts, auch nicht die Absicht, erbarmungslos und entsetzlich, in der sie ihn gestern in das Haus gelockt, zu verbergen;
doch um der Schritte willen, die sie bereits zu seiner Rettung getan, wünschte sie, daß er ihr vergeben, und sie als sein treues   35

5. *Glauben schenken (dat.)* to give credence to   16. *ins Reine kommen über (acc.)* to
gain clarity on   25. *die heilige Jungfrau* the Holy Virgin   27. *ihren göttlichen Sohn*
refers back to heilige Jungfrau   29. *sich zu eigen geben (dat.)* to give oneself to   31. *das
(ein) Geständnis ab-legen* to make (a) confession

Weib mit sich nach Europa führen möchte. Durch dies Gebet
wunderbar gestärkt, ergriff sie, indem sie aufstand, den Hauptschlüssel, der aller Gemächer des Hauses schloß, und schritt
damit langsam, ohne Licht, über den schmalen Gang, der das
Gebäude durchschnitt, dem Schlafgemach des Fremden zu. Sie
öffnete das Zimmer leise und trat vor sein Bett, wo er in tiefen
Schlaf versenkt ruhte. Der Mond beschien sein blühendes Antlitz, und der Nachtwind, der durch die geöffneten Fenster ein-
drang, spielte mit dem Haar auf seiner Stirn. Sie neigte sich
sanft über ihn und rief ihn, seinen süßen Atem einsaugend,
beim Namen; aber ein tiefer Traum, von dem sie der Gegenstand zu sein schien, beschäftigte ihn: wenigstens hörte sie, zu
wiederholten Malen, von seinen glühenden, zitternden Lippen
das geflüsterte Wort: Toni! Wehmut, die nicht zu beschreiben
ist, ergriff sie; sie konnte sich nicht entschließen, ihn aus den
Himmeln lieblicher Einbildung in die Tiefe einer gemeinen und
elenden Wirklichkeit herabzureißen; und in der Gewißheit, daß
er ja früh oder spät von selbst erwachen müsse, kniete sie an seinem Bette nieder und überdeckte seine teure Hand mit Küssen.
Aber wer beschreibt das Entsetzen, das wenige Augenblicke
darauf ihren Busen ergriff, als sie plötzlich, im Innern des Hofraums, ein Geräusch von Menschen, Pferden und Waffen hörte, und darunter ganz deutlich die Stimme des Negers Congo
Hoango erkannte, der unvermuteter Weise mit seinem ganzen
Troß aus dem Lager des Generals Dessalines zurückgekehrt
war. Sie stürzte, den Mondschein, der sie zu verraten drohte,
sorgsam vermeidend, hinter die Vorhänge des Fensters, und
hörte auch schon die Mutter, welche dem Neger von allem, was
während dessen vorgefallen war, auch von der Anwesenheit des
europäischen Flüchtlings im Hause, Nachricht gab. Der Neger
befahl dem Seinigen, mit gedämpfter Stimme, im Hofe still zu
sein. Er fragte die Alte, wo der Fremde in diesem Augenblick
befindlich sei? worauf diese ihm das Zimmer bezeichnete, und
sogleich auch Gelegenheit nahm, ihn von dem sonderbaren und
auffallenden Gespräch, das sie, den Flüchtling betreffend, mit

---

5. *der das Gebäude durchschnitt* which traversed the building   16. *die Einbildung* here:
imagination   24. *unvermuteter Weise = unvermuteterweise* unexpectedly   29. *während
dessen = währenddessen* meanwhile   31. *den Seinigen* here: (to) his men

der Tochter gehabt hatte, zu unterrichten. Sie versicherte dem
Neger, daß das Mädchen eine Verräterin, und der ganze Anschlag, desselben habhaft zu werden, in Gefahr sei, zu scheitern. Wenigstens sei die Spitzbübin, wie sie bemerkt, heimlich
beim Einbruch der Nacht in sein Bette geschlichen, wo sie noch   5
bis diesen Augenblick in guter Ruhe befindlich sei; und wahrscheinlich, wenn der Fremde nicht schon entflohen sei, werde
derselbe eben jetzt gewarnt, und die Mittel, wie seine Flucht zu
bewerkstelligen sei, mit ihm verabredet. Der Neger, der die
Treue des Mädchens schon in ähnlichen Fällen erprobt hatte,   10
antwortete: es wäre wohl nicht möglich? Und: Kelly! rief er wütend, und: Omra! Nehmt eure Büchsen! Und damit, ohne weiter ein Wort zu sagen, stieg er, im Gefolge aller seiner Neger,
die Treppe hinauf, und begab sich in das Zimmer des Fremden.

Toni, vor deren Augen sich, während weniger Minuten, die-   15
ser ganze Auftritt abgespielt hatte, stand, gelähmt an allen
Gliedern, als ob sie ein Wetterstrahl getroffen hätte, da. Sie
dachte einen Augenblick daran, den Fremden zu wecken; doch
teils war, wegen Besetzung des Hofraums, keine Flucht für ihn
möglich, teils auch sah sie voraus, daß er zu den Waffen greifen,   20
und somit bei der Überlegenheit der Neger, Zubodenstreckung
unmittelbar sein Los sein würde. Ja, die entsetzlichste Rücksicht, die sie zu nehmen genötigt war, war diese, daß der Unglückliche sie selbst, wenn er sie in dieser Stunde bei seinem
Bette fände, für eine Verräterin halten, und, statt auf ihren Rat   25
zu hören, in der Raserei eines so heillosen Wahns, dem Neger
Hoango völlig besinnungslos in die Arme laufen würde. In dieser unaussprechlichen Angst fiel ihr ein Strick in die Augen,
welcher, der Himmel weiß durch welchen Zufall, an dem Riegel der Wand hing. Gott selbst, meinte sie, indem sie ihn herab-   30
riß, hätte ihn zu ihrer und des Freundes Rettung dahin geführt.
Sie umschlang den Jüngling, vielfache Knoten schürzend, an
Händen und Füßen damit; und nachdem sie, ohne darauf zu
achten, daß er sich rührte und sträubte, die Enden angezogen
und an das Gestell des Bettes festgebunden hatte: drückte sie,   35

---

3. *habhaft werden (gen.)* to capture (desselben refers back to *Flüchtling*) 9. *die Flucht
bewerkstelligen* to arrange, implement the escape 17. *der Wetterstrahl = der Blitz*
19. *wegen Besetzung des Hofraums* the courtyard being filled (with troops) 22. *Zubodenstreckung unmittelbar sein Los sein würde* being immediately cut down would be
his fate (Here Kleist uses rather bureaucratic language which contrasts with the violence of
the subject and has a "distancing" effect on the reader) 26. *in der Raserei eines so
heillosen Wahns* in the madness caused by so disastrous an illusion 32. *Knoten
schürzen* to make knots, to knot 34. *an-ziehen* here: to tighten

froh, des Augenblicks mächtig geworden zu sein, einen Kuß auf seine Lippen, und eilte dem Neger Hoango, der schon auf der Treppe klirrte, entgegen.

Der Neger, der dem Bericht der Alten, Toni anbetreffend, immer noch keinen Glauben schenkte, stand, als er sie aus dem bezeichneten Zimmer hervortreten sah, bestürzt und verwirrt, im Korridor mit seinem Troß von Fackeln und Bewaffneten still. Er rief: »die Treulose! die Bundbrüchige!« und indem er sich zu Babekan wandte, welche einige Schritte vorwärts gegen die Tür des Fremden getan hatte, fragte er: »ist der Fremde entflohn?« Babekan, welche die Tür, ohne hineinzusehen, offen gefunden hatte, rief, indem sie als eine Wütende zurückkehrte: Die Gaunerin! Sie hat ihn entwischen lassen! Eilt, und besetzt die Ausgänge, ehe er das weite Feld erreicht! »Was gibts?« fragte Toni, indem sie mit dem Ausdruck des Erstaunens den Alten und die Neger, die ihn umringten, ansah. Was es gibt? erwiderte Hoango; und damit ergriff er sie bei der Brust und schleppte sie nach dem Zimmer hin. »Seid ihr rasend?« rief Toni, indem sie den Alten, der bei dem sich ihm darbietenden Anblick erstarrte, von sich stieß: »da liegt der Fremde, von mir in seinem Bette festgebunden; und, beim Himmel, es ist nicht die schlechteste Tat, die ich in meinem Leben getan!« Bei diesen Worten kehrte sie ihm den Rücken zu, und setzte sich, als ob sie weinte, an einen Tisch nieder. Der Alte wandte sich gegen die in Verwirrung zur Seite stehende Mutter und sprach: o Babekan, mit welchem Märchen hast du mich getäuscht? »Dem Himmel sei Dank«, antwortete die Mutter, indem sie die Stricke, mit welchen der Fremde gebunden war, verlegen untersuchte; »der Fremde ist da, obschon ich von dem Zusammenhang nichts begreife.« Der Neger trat, das Schwert in die Scheide steckend, an das Bett und fragte den Fremden: wer er sei? woher er komme und wohin er reise? Doch da dieser, unter krampfhaften Anstrengungen sich loszuwinden, nichts hervorbrachte, als, auf jämmerlich schmerzhafte Weise: o Toni! o Toni! – so nahm die Mutter das Wort und bedeutete ihm, daß er ein Schweizer sei, namens Gu-

---

1. *des Augenblicks mächtig werden* to master the situation 8. *der, die Bundbrüchige* turncoat 12. *als eine Wütende* like a madwoman 14. *das weite Feld erreichen* to get out into the open, escape 17. *bei der Brust* here: by the front of her dress 21. *es ist nicht die schlechteste Tat, die . . .* Notice the ambiguity in this statement. The appearance belies Toni's true intent. 30. *das Schwert in die Scheide stecken* to put the sword into its sheath 33. *hervor-bringen* here: to utter 35. *(jemandem etwas) bedeuten* to explain (s.th. to s.o.)

stav von der Ried, und daß er mit einer ganzen Familie europä-
ischer Hunde, welche in diesem Augenblick in den Berghöhlen
am Möwenweiher versteckt sei, von dem Küstenplatz Fort
Dauphin komme. Hoango, der das Mädchen, den Kopf
schwermütig auf ihre Hände gestützt, dasitzen sah, trat zu ihr   *5*
und nannte sie sein liebes Mädchen; klopfte ihr die Wangen,
und forderte sie auf, ihm den übereilten Verdacht, den er ihr
geäußert, zu vergeben. Die Alte, die gleichfalls vor das Mädchen hingetreten war, stemmte die Arme kopfschüttelnd in die
Seite und fragte: weshalb sie denn den Fremden, der doch von   *10*
der Gefahr, in der er sich befunden, gar nichts gewußt, mit
Stricken in dem Bette festgebunden habe? Toni, vor Schmerz
und Wut in der Tat weinend, antwortete, plötzlich zur Mutter
gekehrt: »weil du keine Augen und Ohren hast! Weil er die Gefahr, in der er schwebte, gar wohl begriff! Weil er entfliehen   *15*
wollte; weil er mich gebeten hatte, ihm zu seiner Flucht behülflich zu sein; weil er einen Anschlag auf dein eignes Leben gemacht hatte, und sein Vorhaben bei Anbruch des Tages ohne
Zweifel, wenn ich ihn nicht schlafend gebunden hätte, in Ausführung gebracht haben würde.« Der Alte liebkosete und beru-   *20*
higte das Mädchen, und befahl Babekan, von dieser Sache zu
schweigen. Er rief ein paar Schützen mit Büchsen vor, um das
Gesetz, dem der Fremdling verfallen war, augenblicklich an
demselben zu vollstrecken; aber Babekan flüsterte ihm heimlich
zu: »nein, ums Himmels willen, Hoango!« – Sie nahm ihn auf   *25*
die Seite und bedeutete ihm: »Der Fremde müsse, bevor er hingerichtet werde, eine Einladung aufsetzen, um vermittelst derselben die Familie, deren Bekämpfung im Walde manchen Gefahren ausgesetzt sei, in die Pflanzung zu locken.« – Hoango, in
Erwägung, daß die Familie wahrscheinlich nicht unbewaffnet   *30*
sein werde, gab diesem Vorschlage seinen Beifall; er stellte, weil
es zu spät war, den Brief verabredetermaßen schreiben zu lassen, zwei Wachen bei dem weißen Flüchtling aus; und nachdem
er noch, der Sicherheit wegen, die Stricke untersucht, auch,
weil er sie zu locker befand, ein paar Leute herbeigerufen hatte,   *35*

---

15. *in Gefahr schweben* to be (lit.: be suspended) in danger 17. *behülflich – behilflich
sein* to be of help 20. *liebkosete = liebkoste* caressed 24. *das Gesetz vollstrecken* to
carry out the law 27. *auf-setzen* here: to compose, write 29. *manchen Gefahren ausgesetzt* exposed to many dangers 30. *in Erwägung* thinking, surmising 31. *seinen
Beifall geben* to give one's approval 32. *verabredetermaßen* as agreed upon

um sie noch enger zusammenzuziehen, verließ er mit seinem ganzen Troß das Zimmer, und alles nach und nach begab sich zur Ruh.

Aber Toni, welche nur scheinbar dem Alten, der ihr noch einmal die Hand gereicht, gute Nacht gesagt und sich zu Bette gelegt hatte, stand, sobald sie alles im Hause still sah, wieder auf, schlich sich durch eine Hinterpforte des Hauses auf das freie Feld hinaus, und lief, die wildeste Verzweiflung im Herzen, auf dem, die Landstraße durchkreuzenden, Wege der Gegend zu, von welcher die Familie Herrn Strömlis herankommen mußte. Denn die Blicke voll Verachtung, die der Fremde von seinem Bette aus auf sie geworfen hatte, waren ihr empfindlich, wie Messerstiche, durchs Herz gegangen; es mischte sich ein Gefühl heißer Bitterkeit in ihre Liebe zu ihm, und sie frohlockte bei dem Gedanken, in dieser zu seiner Rettung angeordneten Unternehmung zu sterben. Sie stellte sich, in der Besorgnis, die Familie zu verfehlen, an den Stamm einer Pinie, bei welcher, falls die Einladung angenommen worden war, die Gesellschaft vorüberziehen mußte, und kaum war auch, der Verabredung gemäß, der erste Strahl der Dämmerung am Horizont angebrochen, als Nankys, des Knaben, Stimme, der dem Trosse zum Führer diente, schon fernher unter den Bäumen des Waldes hörbar ward.

Der Zug bestand aus Herrn Strömli und seiner Gemahlin, welche letztere auf einem Maulesel ritt; fünf Kindern desselben, deren zwei, Adelbert und Gottfried, Jünglinge von 18 und 17 Jahren, neben dem Maulesel hergingen; drei Dienern und zwei Mägden, wovon die eine, einen Säugling an der Brust, auf dem andern Maulesel ritt; in allem aus zwölf Personen. Er bewegte sich langsam über die den Weg durchflechtenden Kienwurzeln, dem Stamm der Pinie zu: wo Toni, so geräuschlos, als niemand zu erschrecken nötig war, aus dem Schatten des Baums hervortrat, und dem Zuge zurief: Halt! Der Knabe kannte sie sogleich; und auf ihre Frage: wo Herr Strömli sei? während Männer, Weiber und Kinder sie umringten, stellte dieser sie freudig dem

---

12. *waren ihr empfindlich* hurt her 13. *wie Messerstiche* like the thrusts of a knife 15. *zu seiner Rettung angeordnet(en)* planned for his rescue 17. *in der Besorgnis, die Familie zu verfehlen* for fear of missing the family 30. *die den Weg durchflechtenden Kienwurzeln* the tree roots lacing the way

alten Oberhaupt der Familie, Herrn Strömli, vor. »Edler
Herr!« sagte Toni, indem sie die Begrüßungen desselben mit fe-
ster Stimme unterbrach: »der Neger Hoango ist, auf überra-
schende Weise, mit seinem ganzen Troß in die Niederlassung
zurück gekommen. Ihr könnt jetzt, ohne die größeste Lebensge-   5
fahr, nicht darin einkehren; ja, euer Vetter, der zu seinem Un-
glück eine Aufnahme darin fand, ist verloren, wenn ihr nicht zu
den Waffen greift, und mir, zu seiner Befreiung aus der Haft, in
welcher ihn der Neger Hoango gefangen hält, in die Pflanzung
folgt!« Gott im Himmel! riefen, von Schrecken erfaßt, alle Mit-   10
glieder der Familie; und die Mutter, die krank und von der Reise
erschöpft war, fiel von dem Maultier ohnmächtig auf den Boden
nieder. Toni, während, auf den Ruf Herrn Strömlis, die Mägde
herbeieilten, um ihrer Frau zu helfen, führte, von den Jünglin-
gen mit Fragen bestürmt, Herrn Strömli und die übrigen Män-   15
ner, aus Furcht vor dem Knaben Nanky, auf die Seite. Sie erzählte den Männern, ihre Tränen vor Scham und Reue nicht zu-
rückhaltend, alles, was vorgefallen; wie die Verhältnisse, in
dem Augenblick, da der Jüngling eingetroffen, im Hause bestanden; wie das Gespräch, das sie unter vier Augen mit ihm   20
gehabt, dieselben auf ganz unbegreifliche Weise verändert; was
sie bei der Ankunft des Negers, fast wahnsinnig vor Angst, getan, und wie sie nun Tod und Leben daran setzen wolle, ihn aus
der Gefangenschaft, worin sie ihn selbst gestürzt, wieder zu befreien. Meine Waffen! rief Herr Strömli, indem er zu dem   25
Maultier seiner Frau eilte und seine Büchse herabnahm. Er sagte, während auch Adelbert und Gottfried, seine rüstigen Söhne, und die drei wackern Diener sich bewaffneten: Vetter Gustav hat mehr als einem von uns das Leben gerettet; jetzt ist es an
uns, ihm den gleichen Dienst zu tun; und damit hob er seine   30
Frau, welche sich erholt hatte, wieder auf das Maultier, ließ
dem Knaben Nanky, aus Vorsicht, als eine Art von Geisel, die
Hände binden; schickte den ganzen Troß, Weiber und Kinder,
unter dem bloßen Schutz seines dreizehnjährigen, gleichfalls
bewaffneten Sohnes, Ferdinand, an den Möwenweiher zurück;   35

5. *größeste* = *größte* 6. *(darin) ein-kehren* here: to put up (there) 7. *eine*
Aufnahme here: a welcome 14. *ihrer Frau* here: their mistress 15. *mit Fragen*
bestürmt assailed with questions 20. *wie die Verhältnisse . . . bestanden* how matters
stood *unter vier Augen* in private 21. *dieselben* refers back to *Verhältnisse* 30. *es ist*
an uns it is up to us 32. *als eine Art von Geisel* as a kind of hostage

und nachdem er noch Toni, welche selbst einen Helm und einen Spieß genommen hatte, über die Stärke der Neger und ihre Verteilung im Hofraume ausgefragt und ihr versprochen hatte, Hoangos sowohl, als ihrer Mutter, so viel es sich tun ließ, bei dieser Unternehmung zu schonen: stellte er sich mutig, und auf Gott vertrauend, an die Spitze seines kleinen Haufens, und brach, von Toni geführt, in die Niederlassung auf.

Toni, sobald der Haufen durch die hintere Pforte eingeschlichen war, zeigte Herrn Strömli das Zimmer, in welchem Hoango und Babekan ruhten; und während Herr Strömli geräuschlos mit seinen Leuten in das offne Haus eintrat, und sich sämtlicher zusammengesetzter Gewehre der Neger bemächtigte, schlich sie zur Seite ab in den Stall, in welchem der fünfjährige Halbbruder des Nanky, Seppy, schlief. Denn Nanky und Seppy, Bastardkinder des alten Hoango, waren diesem, besonders der letzte, dessen Mutter kürzlich gestorben war, sehr teuer; und da, selbst in dem Fall, daß man den gefangenen Jüngling befreite, der Rückzug an den Möwenweiher und die Flucht von dort nach Port au Prince, der sie sich anzuschließen gedachte, noch mancherlei Schwierigkeiten ausgesetzt war: so schloß sie nicht unrichtig, daß der Besitz beider Knaben, als einer Art von Unterpfand, dem Zuge, bei etwaiger Verfolgung der Neger, von großem Vorteil sein würde. Es gelang ihr, den Knaben ungesehen aus seinem Bette zu heben, und in ihren Armen, halb schlafend, halb wachend, in das Hauptgebäude hinüberzutragen. Inzwischen war Herr Strömli, so heimlich, als es sich tun ließ, mit seinem Haufen in Hoangos Stubentüre eingetreten; aber statt ihn und Babekan, wie er glaubte, im Bette zu finden, standen, durch das Geräusch geweckt, beide, obschon halbnackt und hülflos, in der Mitte des Zimmers da. Herr Strömli, indem er seine Büchse in die Hand nahm, rief: sie sollten sich ergeben, oder sie wären des Todes! doch Hoango, statt aller Antwort, riß ein Pistol von der Wand und platzte es, Herrn Strömli am Kopf streifend, unter die Menge los. Herrn Strömlis Haufen, auf dies Signal, fiel wütend über ihn her; Hoango, nach

2. *die Stärke der Neger* here: the size of the troop of black men 5. *schonen (gen. or acc.)* to spare 12. *sämtlicher zusammengesetzter Gewehre* all of the stacked rifles 17. *den gefangenen Jüngling* refers to Gustav 22. *als einer Art Unterpfand* as a kind of pledge 32. *oder sie wären des Todes* or they would be killed on the spot 33. *das Pistol* = *die Pistole* 34. *los-platzen* here: to fire point-blank

einem zweiten Schuß, der einem Diener die Schulter durch-
bohrte, ward durch einen Säbelhieb an der Hand verwundet,
und beide, Babekan und er, wurden niedergeworfen und mit
Stricken am Gestell eines großen Tisches fest gebunden. Mittlerweile waren, durch die Schüsse geweckt, die Neger des Ho- 5
ango, zwanzig und mehr an der Zahl, aus ihren Ställen hervor-
gestürzt, und drangen, da sie die alte Babekan im Hause
schreien hörten, wütend gegen dasselbe vor, um ihre Waffen
wieder zu erobern. Vergebens postierte Herr Strömli, dessen
Wunde von keiner Bedeutung war, seine Leute an die Fenster 10
des Hauses, und ließ, um die Kerle im Zaun zu halten, mit
Büchsen unter die feuern; sie achteten zweier Toten nicht, die
schon auf dem Hofe umher lagen, und waren im Begriff, Äxte
und Brechstangen zu holen, um die Haustür, welche Herr
Strömli verriegelt hatte, einzusprengen, als Toni, zitternd und 15
bebend, den Knaben Seppy auf dem Arm, in Hoangos Zimmer
trat. Herr Strömli, dem diese Erscheinung äußerst erwünscht
war, riß ihr den Knaben vom Arm; er wandte sich, indem er seinen Hirschfänger zog, zu Hoango, und schwor, daß er den Jungen augenblicklich töten würde, wenn er den Negern nicht zu- 20
riefe, von ihrem Vorhaben abzustehen. Hoango, dessen Kraft
durch den Hieb über die drei Finger der Hand gebrochen war,
und der sein eignes Leben, im Fall einer Weigerung, ausgesetzt
haben würde, erwiderte nach einigen Bedenken, indem er sich
vom Boden aufheben ließ: »daß er dies tun wolle«; er stellte sich, 25
von Herrn Strömli geführt, an das Fenster, und mit einem
Schnupftuch, das er in die linke Hand nahm, über den Hof hin-
auswinkend, rief er den Negern zu: »daß sie die Tür, indem es,
sein Leben zu retten, keiner Hülfe bedürfe, unberührt lassen
sollten und in ihre Ställe zurückkehren möchten!« Hierauf be- 30
ruhigte sich der Kampf ein wenig; Hoango schickte, auf Verlangen Herrn Strömlis, einen im Hause eingefangenen Neger,
mit der Wiederholung dieses Befehls, zu dem im Hofe noch
verweilenden und sich beratschlagenden Haufen hinab; und da
die Schwarzen, so wenig sie auch von der Sache begriffen, den 35

8. *drangen . . . vor* charged forward 10. *von keiner Bedeutung* of no consequence,
trifling 11. *im Zaun halten* to contain, drive back 12. *achten (gen.) = achten auf
(acc.)* to pay heed to 18. *dem diese Erscheinung äußerst erwünscht war* who was only
too pleased at her appearance 19. *der Hirschfänger* cutlass 21. *von einem Vorhaben
ab-stehen* to desist from an attempt, plan 23. *im Fall einer Weigerung* in case he
refused 34. *der verweilende und sich beratschlagende Haufe* the lingering group of men
deliberating among themselves

Worten dieses förmlichen Botschafters Folge leisten mußten, so
gaben sie ihren Anschlag, zu dessen Ausführung schon alles in
Bereitschaft war, auf, und verfügten sich nach und nach, obschon murrend und schimpfend, in ihre Ställe zurück. Herr
Strömli, indem er dem Knaben Seppy vor den Augen Hoangos
die Hände binden ließ, sagte diesem: »daß seine Absicht keine
andere sei, als den Offizier, seinen Vetter aus der in der Pflanzung über ihn verhängten Haft zu befreien, und daß, wenn seiner Flucht nach Port au Prince keine Hindernisse in den Weg
gelegt würden, weder für sein, Hoangos, noch für seiner Kinder
Leben, die er ihm wiedergeben würde, etwas zu befürchten sein
würde. Babekan, welcher Toni sich näherte und zum Abschied
in einer Rührung, die sie nicht unterdrücken konnte, die Hand
geben wollte, stieß diese heftig von sich. Sie nannte sie eine
Niederträchtige und Verräterin, und meinte, indem sie sich am
Gestell des Tisches, an dem sie lag, umkehrte: die Rache Gottes
würde sie, noch ehe sie ihrer Schandtat froh geworden, ereilen.
Toni antwortete: »ich habe euch nicht verraten; ich bin eine
Weiße, und dem Jüngling, den ihr gefangen haltet, verlobt; ich
gehöre zu dem Geschlecht derer, mit denen ihr im offenen Krieg
liegt, und werde vor Gott, daß ich mich auf ihre Seite stellte, zu
verantworten wissen.« Hierauf gab Herr Strömli dem Neger
Hoango, den er zur Sicherheit wieder hatte fesseln und an die
Pfosten der Tür festbinden lassen, eine Wache; er ließ den Diener, der, mit zersplittertem Schulterknochen, ohnmächtig am
Boden lag, aufheben und wegtragen; und nachdem er dem Hoango noch gesagt hatte, daß er beide Kinder, den Nanky sowohl
als den Seppy, nach Verlauf einiger Tage, in Sainte Lüze, wo
die ersten französischen Vorposten stünden, abholen lassen
könne, nahm er Toni, die, von mancherlei Gefühlen bestürmt,
sich nicht enthalten konnte zu weinen, bei der Hand, und führte
sie, unter den Flüchen Babekans und des alten Hoango, aus dem
Schlafzimmer fort.

Inzwischen waren Adelbert und Gottfried, Herrn Strömlis
Söhne, schon nach Beendigung des ersten, an den Fenstern ge-

---

1. *dieses förmlichen Botschafters* of this virtual messenger *Folge leisten* to obey
3. *nach und nach* one by one 8. *die Haft verhängen* to impose imprisonment 17. *noch
ehe sie ihrer Schandtat froh geworden* before she could enjoy her infamy 28. *Sainte
Lüze* port city in Haiti

fochtenen Hauptkampfs, auf Befehl des Vaters, in das Zimmer
ihres Vetters Gustav geeilt, und waren glücklich genug gewesen, die beiden Schwarzen, die diesen bewachten, nach einem
hartnäckigen Widerstand zu überwältigen. Der eine lag tot im
Zimmer; der andere hatte sich mit einer schweren Schußwunde 5
bis auf den Korridor hinausgeschleppt. Die Brüder, deren einer, der Ältere, dabei selbst, obschon nur leicht, am Schenkel
verwundet worden war, banden den teuren lieben Vetter los:
umarmten und küßten ihn, und forderten ihn jauchzend, indem
sie ihm Gewehr und Waffen gaben, auf, ihnen nach dem vorde- 10
ren Zimmer, in welchem, da der Sieg entschieden, Herr
Strömli wahrscheinlich alles schon zum Rückzug anordne, zu
folgen. Aber Vetter Gustav, halb im Bette aufgerichtet, drückte
ihnen freundlich die Hand; im übrigen war er still und zerstreut, und statt die Pistolen, die sie ihm darreichten, zu ergrei- 15
fen, hob er die Rechte, und strich sich, mit einem unaussprechlichen Ausdruck von Gram, damit über die Stirn. Die Jünglinge, die sich bei ihm niedergesetzt hatten, fragten: was ihm fehle?
und schon, da er sie mit seinem Arm umschloß, und sich mit
dem Kopf schweigend an die Schulter des Jüngern lehnte, 20
wollte Adelbert sich erheben, um ihm im Wahn, daß ihn eine
Ohnmacht anwandle, einen Trunk Wasser herbeizuholen: als
Toni, den Knaben Seppy auf dem Arm, an der Hand Herrn
Strömlis, in das Zimmer trat. Gustav wechselte bei diesem Anblick die Farbe; er hielt sich, indem er aufstand, als ob er umsin- 25
ken wollte, an den Leibern der Freunde fest; und ehe die Jünglinge noch wußten, was er mit dem Pistol, das er ihnen jetzt aus
der Hand nahm, anfangen wollte: drückte er dasselbe schon,
knirschend vor Wut, gegen Toni ab. Der Schuß war ihr mitten
durch die Brust gegangen; und da sie, mit einem gebrochenen 30
Laut des Schmerzes, noch einige Schritte gegen ihn tat, und
sodann, indem sie den Knaben an Herrn Strömli gab, vor ihm
niedersank: schleuderte er das Pistol über sie, stieß sie mit dem
Fuß von sich, und warf sich, indem er sie eine Hure nannte,
wieder auf das Bette nieder. »Du ungeheurer Mensch!« riefen 35

16. *die Rechte* = *die rechte Hand* 17. *strich sich . . . damit über die Stirn* passed it
across his forehead 22. *daß ihn eine Ohnmacht anwandle* that a fainting spell would
come over him 29. *ab-drücken* to discharge (a gun, pistol)

Herr Strömli und seine beiden Söhne. Die Jünglinge warfen
sich über das Mädchen, und riefen, indem sie es aufhoben, einen der alten Diener herbei, der dem Zuge schon in manchen
ähnlichen, verzweiflungsvollen Fällen die Hülfe eines Arztes
geleistet hatte; aber das Mädchen, das sich mit der Hand
krampfhaft die Wunde hielt, drückte die Freunde hinweg, und:
»sagt ihm –!« stammelte sie röchelnd, auf ihn, der sie erschos-
sen, hindeutend, und wiederholte: »sagt ihm – –!« Was sollen
wir ihm sagen? fragte Herr Strömli, da der Tod ihr die Sprache
raubte. Adelbert und Gottfried standen auf und riefen dem unbegreiflich gräßlichen Mörder zu: ob er wisse, daß das Mädchen
seine Retterin sei; daß sie ihn liebe und daß es ihre Absicht gewesen sei, mit ihm, dem sie alles, Eltern und Eigentum, aufge-
opfert, nach Port au Prince zu entfliehen? – Sie donnerten ihm:
Gustav! in die Ohren, und fragten ihn: ob er nichts höre? und
schüttelten ihn und griffen ihn in die Haare, da er unempfindlich, und ohne auf sie zu achten, auf dem Bette lag. Gustav richtete sich auf. Er warf einen Blick auf das in seinem Blut
sich wälzende Mädchen; und die Wut, die diese Tat veranlaßt
hatte, machte, auf natürliche Weise, einem Gefühl gemeinen
Mitleidens Platz. Herr Strömli, heiße Tränen auf sein Schnupftuch niederweinend, fragte: warum, Elender, hast du das getan? Vetter Gustav, der von dem Bette aufgestanden war, und
das Mädchen, indem er sich den Schweiß von der Stirn ab-
wischte, betrachtete, antwortete: daß sie ihn schändlicher
Weise zur Nachtzeit gebunden, und dem Neger Hoango übergeben habe. »Ach!« rief Toni, und streckte, mit einem unbe-
schreiblichen Blick, ihre Hand nach ihm aus: »dich, liebsten
Freund, band ich, weil – –!« Aber sie konnte nicht reden und
ihn auch mit der Hand nicht erreichen; sie fiel, mit einer plötzlichen Erschlaffung der Kraft, wieder auf den Schoß Herrn
Strömlis zurück. Weshalb? fragte Gustav blaß, indem er zu ihr
niederkniete. Herr Strömli, nach einer langen, nur durch das
Röcheln Tonis unterbrochenen Pause, in welcher man vergebens auf eine Antwort von ihr gehofft hatte, nahm das Wort und

---

7. *stammelte sie röchelnd* she stammered, gasping 10. *(jemandem) die Sprache rauben*
to rob (s.o.) of the power of speech 17. *unempfindlich* here: oblivious 19. *in seinem*
Blut sich wälzen to writhe in one's own blood

sprach: weil, nach der Ankunft Hoangos, dich, Unglücklichen, zu retten, kein anderes Mittel war; weil sie den Kampf, den du unfehlbar eingegangen wärest, vermeiden, weil sie Zeit gewinnen wollte, bis wir, die wir schon vermöge ihrer Veranstaltung herbeieilten, deine Befreiung mit den Waffen in der Hand erzwingen konnten. Gustav legte die Hände vor sein Gesicht. Oh! rief er, ohne aufzusehen, und meinte, die Erde versänke unter seinen Füßen: ist das, was ihr mir sagt, wahr? Er legte seine Arme um ihren Leib und sah ihr mit jammervoll zerrissenem Herzen ins Gesicht. »Ach«, rief Toni, und dies waren ihre letzten Worte: »du hättest mir nicht mißtrauen sollen!« Und damit hauchte sie ihre schöne Seele aus. Gustav raufte sich die Haare. Gewiß! sagte er, da ihn die Vettern von der Leiche wegrissen: ich hätte dir nicht mißtrauen sollen; denn du warst mir durch einen Eidschwur verlobt, obschon wir keine Worte darüber gewechselt hatten! Herr Strömli drückte jammernd den Latz, der des Mädchens Brust umschloß, nieder. Er ermunterte den Diener, der mit einigen unvollkommenen Rettungswerkzeugen neben ihm stand, die Kugel, die, wie er meinte, in dem Brustknochen stecken müsse, auszuziehen; aber alle Bemühung, wie gesagt, war vergebens, sie war von dem Blei ganz durchbohrt, und ihre Seele schon zu besseren Sternen entflohn. – Inzwischen war Gustav ans Fenster getreten; und während Herr Strömli und seine Söhne unter stillen Tränen beratschlagten, was mit der Leiche anzufangen sei, und ob man nicht die Mutter herbeirufen solle: jagte Gustav sich die Kugel, womit das andere Pistol geladen war, durchs Hirn. Diese neue Schreckenstat raubte den Verwandten völlig alle Besinnung. Die Hülfe wandte sich jetzt auf ihn; aber des Ärmsten Schädel war ganz zerschmettert, und hing, da er sich das Pistol in den Mund gesetzt hatte, zum Teil an den Wänden umher. Herr Strömli war der erste, der sich wieder sammelte. Denn da der Tag schon ganz hell durch die Fenster schien, und auch Nachrichten einliefen, daß die Neger sich schon wieder auf dem Hofe zeigten: so blieb nichts übrig, als ungesäumt an den Rückzug zu denken. Man legte die beiden

4. *vermöge ihrer Veranstaltung* thanks to her stratagem 12. *die Seele aus-hauchen* to breathe one's last *sich die Haare raufen* to tear one's hair 18. *Rettungswerkzeuge* here: surgical instruments 25. *an-fangen* here: to do 29. *Die Hülfe (Hilfe) wandte sich jetzt auf ihn* their (attempts at) help now turned toward him 33. *Nachrichten liefen ein* news reached them

Leichen, die man nicht der mutwilligen Gewalt der Neger überlassen wollte, auf ein Bett, und nachdem die Büchsen von
neuem geladen waren, brach der traurige Zug nach dem Möwenweiher auf. Herr Strömli, den Knaben Seppy auf dem Arm, ging
voran; ihm folgten die beiden stärksten Diener, welche auf ihren
Schultern die Leichen trugen; der Verwundete schwankte an einem Stabe hinterher; und Adelbert und Gottfried gingen mit gespannten Büchsen dem langsam fortschreitenden Leichenzuge
zur Seite. Die Neger, da sie den Haufen so schwach erblickten,
traten mit Spießen und Gabeln aus ihren Wohnungen hervor,
und schienen Miene zu machen, angreifen zu wollen; aber Hoango, den man die Vorsicht beobachtet hatte, loszubinden, trat auf
die Treppe des Hauses hinaus, und winkte den Negern, zu ruhen. »In Sainte Lüze!« rief er Herrn Strömli zu, der schon mit
den Leichen unter dem Torweg war. »In Sainte Lüze!« antwortete dieser: worauf der Zug, ohne verfolgt zu werden, auf das Feld
hinauskam und die Waldung erreichte. Am Möwenweiher, wo
man die Familie fand, grub man, unter vielen Tränen, den Leichen ein Grab; und nachdem man noch die Ringe, die sie an der
Hand trugen, gewechselt hatte, senkte man sie unter stillen Gebeten in die Wohnungen des ewigen Friedens ein. Herr Strömli
war glücklich genug, mit seiner Frau und seinen Kindern, fünf
Tage darauf, Sainte Lüze zu erreichen, wo er die beiden Negerknaben, seinem Versprechen gemäß, zurückließ. Er traf kurz vor
Anfang der Belagerung in Port au Prince ein, wo er noch auf den
Wällen für die Sache der Weißen focht; und als die Stadt nach einer hartnäckigen Gegenwehr an den General Dessalines über-
ging, rettete er sich mit dem französischen Heer auf die englische
Flotte, von wo die Familie nach Europa überschiffte, und ohne
weitere Unfälle ihr Vaterland, die Schweiz, erreichte. Herr
Strömli kaufte sich daselbst mit dem Rest seines kleinen Vermögens, in der Gegend des Rigi, an; und noch im Jahr 1807 war unter den Büschen seines Gartens das Denkmal zu sehen, das er Gustav, seinem Vetter, und der Verlobten desselben, der treuen
Toni, hatte setzen lassen.

8. *mit gespannten Büchsen* with rifles cocked 9. *da sie den Haufen so schwach erblickten* seeing how weak (small) the group was 10. *die Gabel* here: pitchfork 11. *Miene
machen (etwas zu tun)* to threaten (to do s.th.) 32. *der Rigi* a mountain in the
foothills of the Alps, on the Lake of Lucerne *sich an-kaufen* to acquire property

Der Findling

Antonio Piachi, ein wohlhabender Güterhändler in Rom, war
genötigt, in seinen Handelsgeschäften zuweilen große Reisen zu
machen. Er pflegte dann gewöhnlich *Elvire*, seine junge Frau,
unter dem Schutz ihrer Verwandten, daselbst zurückzulassen.   5
Eine dieser Reisen führte ihn mit seinem Sohn *Paolo*, einem elf-
jährigen Knaben, den ihm seine erste Frau geboren hatte, nach
Ragusa. Es traf sich, daß hier eben eine pestartige Krankheit
ausgebrochen war, welche die Stadt und Gegend umher in großes Schrecken setzte. Piachi, dem die Nachricht davon erst auf   10
der Reise zu Ohren gekommen war, hielt in der Vorstadt an, um
sich nach der Natur derselben zu erkundigen. Doch da er hörte,
daß das Übel von Tag zu Tag bedenklicher werde, und daß man
damit umgehe, die Tore zu sperren; so überwand die Sorge für
seinen Sohn alle kaufmännischen Interessen: er nahm Pferde   15
und reisete wieder ab.
   Er bemerkte, da er im Freien war, einen Knaben neben seinem Wagen, der, nach Art der Flehenden, die Hände zu ihm
ausstreckte und in großer Gemütsbewegung zu sein schien. Piachi ließ halten; und auf die Frage: was er wolle? antwortete der   20
Knabe in seiner Unschuld: er sei angesteckt; die Häscher ver-
folgten ihn, um ihn ins Krankenhaus zu bringen, wo sein Vater
und seine Mutter schon gestorben wären; er bitte um aller Heiligen willen, ihn mitzunehmen, und nicht in der Stadt umkom-
men zu lassen. Dabei faßte er des Alten Hand, drückte und   25
küßte sie und weinte darauf nieder. Piachi wollte in der ersten
Regung des Entsetzens, den Jungen weit von sich schleudern;
doch da dieser, in eben diesem Augenblick, seine Farbe veränderte und ohnmächtig auf den Boden niedersank, so regte sich
des guten Alten Mitleid: er stieg mit seinem Sohn aus, legte den   30
Jungen in den Wagen, und fuhr mit ihm fort, obschon er auf der
Welt nicht wußte, was er mit demselben anfangen sollte.

2. *Güterhändler* real estate broker   4. *pflegen* here: to be used to   6. *Paolo* Italian
for Paul   8. *Ragusa* nowadays Dubrovnik on the Adriatic coast of Yugoslavia, settled in
the 7th cent. A.D. by Roman refugees under the name of "Ragusium": subsequently for
many centuries an important center of commerce   *es traf sich* it so happened   *pestartig*
plague-like   10. *in großes (großen) Schrecken setzen* to spread great panic (Kleist uses the
neuter, nowadays incorrect)   11. *zu Ohren kommen* to reach one's ears   14. *um-gehen
mit* here: to make preparations to   16. *reisete = reiste*   17 *im Freien* in the open
country (air)   18. *nach Art der Flehenden* in the manner of supplicants,
imploringly   19. *in großer Gemütsbewegung* in great inner agitation   24. *um aller
Heiligen willen* in the name of all the Saints   27. *in der ersten Regung des Entsetzens*
in the first throe of horror

Er unterhandelte noch, in der ersten Station, mit den Wirts-
leuten, über die Art und Weise, wie er seiner wieder los werden
könne: als er schon auf Befehl der Polizei, welche davon Wind
bekommen hatte, arretiert und unter einer Bedeckung, er, sein
Sohn und Nicolo, so hieß der kranke Knabe, wieder nach Ragusa zurück transportiert ward. Alle Vorstellungen von Seiten
Piachis, über die Grausamkeit dieser Maßregel, halfen zu
nichts; in Ragusa angekommen, wurden nunmehr alle drei, unter Aufsicht eines Häschers, nach dem Krankenhause abge-
führt, wo er zwar, Piachi, gesund blieb, und Nicolo, der Knabe,
sich von dem Übel wieder erholte: sein Sohn aber, der elfjäh-
rige Paolo, von demselben angesteckt ward, und in drei Tagen
starb.
　　Die Tore wurden nun wieder geöffnet und Piachi, nachdem
er seinen Sohn begraben hatte, erhielt von der Polizei Erlaub-
nis, zu reisen. Er bestieg eben, sehr von Schmerz bewegt, den
Wagen und nahm, bei dem Anblick des Platzes, der neben ihm
leer blieb, sein Schnupftuch heraus, um seine Tränen fließen zu
lassen: als Nicolo, mit der Mütze in der Hand, an seinen Wagen
trat und ihm eine glückliche Reise wünschte. Piachi beugte sich
aus dem Schlage heraus und fragte ihn, mit einer von heftigem
Schluchzen unterbrochenen Stimme: ob er mit ihm reisen wollte? Der Junge, sobald er den Alten nur verstanden hatte, nickte
und sprach: o ja! sehr gern; und da die Vorsteher des Kranken-
hauses, auf die Frage des Güterhändlers: ob es dem Jungen wohl
erlaubt wäre, einzusteigen? lächelten und versicherten: daß er
Gottes Sohn wäre und niemand ihn vermissen würde; so hob
ihn Piachi, in einer großen Bewegung, in den Wagen, und nahm
ihn, an seines Sohnes Statt, mit sich nach Rom.
　　Auf der Straße, vor den Toren der Stadt, sah sich der Landmäkler den Jungen erst recht an. Er war von einer besondern,
etwas starren Schönheit, seine schwarzen Haare hingen ihm, in
schlichten Spitzen, von der Stirn herab, ein Gesicht beschat-
tend, das, ernst und klug, seine Mienen niemals veränderte. Der
Alte tat mehrere Fragen an ihn, worauf jener aber nur kurz ant-

---

2. *los werden (gen.; modern: acc.)* to get rid of   4. *unter einer Bedeckung* under guard
6. *ward = wurde Vorstellungen* here: protestations, remonstrations 21. *aus dem
Schlage heraus* out of the coach door   27. *Gottes Sohn* here: an orphaned boy
31. *Landmäkler (= Güterhändler)* real estate broker   33. *die Spitzen* here: bangs

wortete: ungesprächig und in sich gekehrt saß er, die Hände in die Hosen gesteckt, im Winkel da, und sah sich, mit gedankenvoll scheuen Blicken, die Gegenstände an, die an dem Wagen vorüberflogen. Von Zeit zu Zeit holte er sich, mit stillen und geräuschlosen Bewegungen, eine Handvoll Nüsse aus der Tasche, die er bei sich trug, und während Piachi sich die Tränen vom Auge wischte, nahm er sie zwischen die Zähne und knackte sie auf.

In Rom stellte ihn Piachi, unter einer kurzen Erzählung des Vorfalls, Elviren, seiner jungen trefflichen Gemahlin vor, welche sich zwar nicht enthalten konnte, bei dem Gedanken an Paolo, ihren kleinen Stiefsohn, den sie sehr geliebt hatte, herzlich zu weinen; gleichwohl aber den Nicolo, so fremd und steif er auch vor ihr stand, an ihre Brust drückte, ihm das Bette, worin jener geschlafen hatte, zum Lager anwies, und sämtliche ·Kleider desselben zum Geschenk machte. Piachi schickte ihn in die Schule, wo er Schreiben, Lesen und Rechnen lernte, und da er, auf eine leicht begreifliche Weise, den Jungen in dem Maße lieb gewonnen, als er ihm teuer zu stehen gekommen war, so adoptierte er ihn, mit Einwilligung der guten Elvire, welche von dem Alten keine Kinder mehr zu erhalten hoffen konnte, schon nach wenigen Wochen, als seinen Sohn. Er dankte späterhin einen Kommis ab, mit dem er, aus mancherlei Gründen, unzufrieden war, und hatte, da er den Nicolo, statt seiner, in dem Kontor anstellte, die Freude zu sehn, daß derselbe die weitläuftigen Geschäfte, in welchen er verwickelt war, auf das tätigste und vorteilhafteste verwaltete. Nichts hatte der Vater, der ein geschworner Feind aller Bigotterie war, an ihm auszusetzen, als den Umgang mit den Mönchen des Karmeliterklosters, die dem jungen Mann, wegen des beträchtlichen Vermögens das ihm einst, aus der Hinterlassenschaft des Alten, zufallen sollte, mit großer Gunst zugetan waren; und nichts ihrerseits die Mutter, als einen früh, wie es ihr schien, in der Brust desselben sich regenden Hang für das weibliche Geschlecht. Denn schon in seinem funfzehnten Jahre, war er, bei Gelegenheit dieser Mönchs-

---

1. *in sich gekehrt* absorbed in himself, withdrawn 14. *das Bette = das Bett* 15. *zum Lager anweisen* to assign as (his) place to sleep 19. *teuer zu stehen kommen* to cost dearly 23. *einen Kommis abdanken (obs.) = einem Angestellten kündigen* to dismiss an employee 26. *weitläuftig = weitläufig* extensive, far flung 29. *Karmeliterkloster* Carmelite monastery 32. *zugetan sein* to show great favor

besuche, die Beute der Verführung einer gewissen *Xaviera Tar-*
tini, Beischläferin ihres Bischofs, geworden, und ob er gleich,
durch die strenge Forderung des Alten genötigt, diese Verbindung zerriß, so hatte Elvire doch mancherlei Gründe zu glau-
5   ben, daß seine Enthaltsamkeit auf diesem gefährlichen Felde
nicht eben groß war. Doch da Nicolo sich, in seinem zwanzig-
sten Jahre, mit *Constanza Parquet*, einer jungen liebenswürdigen
Genueserin, Elvirens Nichte, die unter ihrer Aufsicht in Rom
erzogen wurde, vermählte, so schien wenigstens das letzte Übel
10   damit an der Quelle verstopft; beide Eltern vereinigten sich in
der Zufriedenheit mit ihm, und um ihm davon einen Beweis zu
geben, ward ihm eine glänzende Ausstattung zuteil, wobei sie
ihm einen beträchtlichen Teil ihres schönen und weitläuftigen
Wohnhauses einräumten. Kurz, als Piachi sein sechzigstes Jahr
15   erreicht hatte, tat er das Letzte und Äußerste, was er für ihn tun
konnte: er überließ ihm, auf gerichtliche Weise, mit Ausnahme
eines kleinen Kapitals, das er sich vorbehielt, das ganze Vermögen, das seinem Güterhandel zum Grunde lag, und zog sich,
mit seiner treuen, trefflichen Elvire, die wenige Wünsche in der
20   Welt hatte, in den Ruhestand zurück.

    Elvire hatte einen stillen Zug von Traurigkeit im Gemüt, der
ihr aus einem rührenden Vorfall, aus der Geschichte ihrer
Kindheit, zurückgeblieben war. Philippo Parquet, ihr Vater,
ein bemittelter Tuchfärber in Genua, bewohnte ein Haus, das,
25   wie es sein Handwerk erforderte, mit der hinteren Seite hart an
den, mit Quadersteinen eingefaßten, Rand des Meeres stieß;
große, am Giebel eingefugte Balken, an welchen die gefärbten
Tücher aufgehängt wurden, liefen, mehrere Ellen weit, über
die See hinaus. Einst, in einer unglücklichen Nacht, da Feuer
30   das Haus ergriff, und gleich, als ob es von Pech und Schwefel
erbaut wäre, zu gleicher Zeit in allen Gemächern, aus welchen
es zusammengesetzt war, emporknitterte, flüchtete sich, überall
von Flammen geschreckt, die dreizehnjährige Elvire von
Treppe zu Treppe, und befand sich, sie wußte selbst nicht wie,
35   auf einem dieser Balken. Das arme Kind wußte, zwischen

---

2. *ob er gleich* = *obgleich*   8. *Genueserin* Genoese (girl); native of Genoa   10. *an der*
Quelle verstopft nipped in the bud (lit.: plugged at the source)   *vereinigten sich* here:
were of one mind   12. *(jemandem) zuteil werden* to fall heir to   20. *sich in den Ruhe-*
stand zurückziehen to withdraw into retirement   31. *einen Zug von* here: a streak
of   26. *mit Quadersteinen eingefaßt* walled with square boulders   27. *am Giebel*
eingefugte Balken beams set into the gable   28. *die Elle* old measuring unit corres-
ponding to not quite 4/5 of a yard

Himmel und Erde schwebend, gar nicht, wie es sich retten sollte; hinter ihr der brennende Giebel, dessen Glut, vom Winde gepeitscht, schon den Balken angefressen hatte, und unter ihr die weite, öde, entsetzliche See. Schon wollte sie sich allen Heiligen empfehlen und unter zwei Übeln das kleinere wählend, in die Fluten hinabspringen; als plötzlich ein junger Genueser, vom Geschlecht der Patrizier, am Eingang erschien, seinen Mantel über den Balken warf, sie umfaßte, und sich, mit eben so viel Mut als Gewandtheit, an einem der feuchten Tücher, die von dem Balken niederhingen, in die See mit ihr herabließ. Hier griffen Gondeln, die auf dem Hafen schwammen, sie auf, und brachten sie, unter vielem Jauchzen des Volks, ans Ufer; doch es fand sich, daß der junge Held, schon beim Durchgang durch das Haus, durch einen vom Gesims desselben herabfallenden Stein, eine schwere Wunde am Kopf empfangen hatte, die ihn auch bald, seiner Sinne nicht mächtig, am Boden niederstreckte. Der Marquis, sein Vater, in dessen Hotel er gebracht ward, rief, da seine Wiederherstellung sich in die Länge zog, Ärzte aus allen Gegenden Italiens herbei, die ihn zu verschiedenen Malen trepanierten und ihm mehrere Knochen aus dem Gehirn nahmen; doch alle Kunst war, durch eine unbegreifliche Schickung des Himmels, vergeblich: er erstand nur selten an der Hand Elvirens, die seine Mutter zu seiner Pflege herbeigerufen hatte, und nach einem dreijährigen höchst schmerzenvollen Krankenlager, während dessen das Mädchen nicht von seiner Seite wich, reichte er ihr noch einmal freundlich die Hand und verschied.

Piachi, der mit dem Hause dieses Herrn in Handelsverbindungen stand, und Elviren eben dort, da sie ihn pflegte, kennen gelernt und zwei Jahre darauf geheiratet hatte, hütete sich sehr, seinen Namen vor ihr zu nennen, oder sie sonst an ihn zu erinnern, weil er wußte, daß es ihr schönes und empfindliches Gemüt auf das heftigste bewegte. Die mindeste Veranlassung, die sie auch nur von fern an die Zeit erinnerte, da der Jüngling für sie litt und starb, rührte sie immer bis zu Tränen, und alsdann gab es keinen Trost und keine Beruhigung für sie; sie brach, wo

3. *vom Winde gepeitscht* whipped up by the wind 13. *es fand sich* it turned out, became evident 16. *seiner Sinne nicht mächtig* deprived of his senses, unconscious 17. *das Hotel* here: residence 18. *sich in die Länge ziehen* to prolong itself 22. *erstehen = auf-stehen* 34. *bis zu Tränen rühren* to move to tears

sie auch sein mochte, auf, und keiner folgte ihr, weil man schon
erprobt hatte, daß jedes andere Mittel vergeblich war, als sie still
für sich, in der Einsamkeit, ihren Schmerz auszuweinen zu lassen.
Niemand, außer Piachi, kannte die Ursache dieser sonderbaren
und häufigen Erschütterungen, denn niemals, so lange sie lebte,
war ein Wort, jene Begebenheit betreffend, über ihre Lippen gekommen. Man war gewohnt, sie auf Rechnung eines überreiz-
ten Nervensystems zu setzen, das ihr aus einem hitzigen Fieber,
in welches sie gleich nach ihrer Verheiratung verfiel, zurückgeblieben war, und somit allen Nachforschungen über die Veranlassung derselben ein Ende zu machen.

Einstmals war Nicolo, mit jener Xaviera Tartini, mit welcher
er, trotz des Verbots des Vaters, die Verbindung nie ganz aufgegeben hatte, heimlich, und ohne Vorwissen seiner Gemahlin,
unter der Vorspiegelung, daß er bei einem Freund eingeladen
sei, auf dem Karneval gewesen und kam, in der Maske eines genuesischen Ritters, die er zufällig gewählt hatte, spät in der
Nacht, da schon alles schlief, in sein Haus zurück. Es traf sich,
daß dem Alten plötzlich eine Unpäßlichkeit zugestoßen war,
und Elvire, um ihm zu helfen, in Ermangelung der Mägde, aufgestanden, und in den Speisesaal gegangen war, um ihm eine
Flasche mit Essig zu holen. Eben hatte sie einen Schrank, der in
dem Winkel stand, geöffnet, und suchte, auf der Kante eines
Stuhles stehend, unter den Gläsern und Caravinen umher: als
Nicolo die Tür sacht öffnete, und mit einem Licht, das er sich
auf dem Flur angesteckt hatte, mit Federhut, Mantel und Degen, durch den Saal ging. Harmlos, ohne Elviren zu sehen, trat
er an die Tür, die in sein Schlafgemach führte, und bemerkte
eben mit Bestürzung, daß sie verschlossen war: als Elvire hinter
ihm, mit Flaschen und Gläsern, die sie in der Hand hielt, wie
durch einen unsichtbaren Blitz getroffen, bei seinem Anblick
von dem Schemel, auf welchem sie stand, auf das Getäfel des
Bodens niederfiel. Nicolo, von Schrecken bleich, wandte sich
um und wollte der Unglücklichen beispringen; doch da das Geräusch, das sie gemacht hatte, notwendig den Alten herbeizie-

---

1. *auf-brechen* here: to run away, off 2. *weil man schon erprobt hatte* because everyone had already found out 8. *auf Rechnung . . . setzen (gen.)* to attribute to 14. *ohne
Vorwissen* without (previous) knowledge 15. *unter der Vorspiegelung* on the pretext
19. *dem Alten . . . eine Unpäßlichkeit zugestoßen war* an indisposition had . . . seized
the old man 20. *in Ermangelung der Mägde* for want (in the absence) of the maid-
servants 24. *die Caravinen (obs.)* decanters 27. *harmlos* here: without suspicion,
guileless

hen mußte, so unterdrückte die Besorgnis, einen Verweis von ihm zu erhalten, alle andere Rücksichten: er riß ihr, mit verstörter Beeiferung, ein Bund Schlüssel von der Hüfte, das sie bei sich trug, und einen gefunden, der paßte, warf er den Bund in den Saal zurück und verschwand. Bald darauf, da Piachi, krank wie er war, aus dem Bette gesprungen war, und sie aufgehoben hatte, und auch Bediente und Mägde, von ihm zusammengeklingelt, mit Licht erschienen waren, kam auch Nicolo in seinem Schlafrock, und fragte, was vorgefallen sei; doch da Elvire, starr vor Entsetzen, wie ihre Zunge war, nicht sprechen konnte, und außer ihr nur er selbst noch Auskunft auf diese Frage geben konnte, so blieb der Zusammenhang der Sache in ein ewiges Geheimnis gehüllt; man trug Elviren, die an allen Gliedern zitterte, zu Bett, wo sie mehrere Tage lang an einem heftigen Fieber darniederlag, gleichwohl aber auch die natürliche Kraft ihrer Gesundheit den Zufall überwand, und bis auf eine sonderbare Schwermut, die ihr zurückblieb, sich ziemlich wieder erholte.

So verfloß ein Jahr, als Constanze, Nicolos Gemahlin, niederkam, und samt dem Kinde, das sie geboren hatte, in den Wochen starb. Dieser Vorfall, bedauernswürdig an sich, weil ein tugendhaftes und wohlerzogenes Wesen verloren ging, war es doppelt, weil er den beiden Leidenschaften Nicolos, seiner Bigotterie und seinem Hange zu den Weibern, wieder Tor und Tür öffnete. Ganze Tage lang trieb er sich wieder, unter dem Vorwand, sich zu trösten, in den Zellen der Karmelitermönche umher, und gleichwohl wußte man, daß er während der Lebzeiten seiner Frau, nur mit geringer Liebe und Treue an ihr gehangen hatte. Ja, Constanze war noch nicht unter der Erde, als Elvire schon zur Abendzeit, in Geschäften des bevorstehenden Begräbnisses in sein Zimmer tretend, ein Mädchen bei ihm fand, das, geschürzt und geschminkt, ihr als die Zofe der Xaviera Tartini nur zu wohl bekannt war. Elvire schlug bei diesem Anblick die Augen nieder, kehrte sich, ohne ein Wort zu sagen, um, und verließ das Zimmer; weder Piachi, noch sonst jemand,

3. *mit verstörter Beeiferung* in bewildered haste   *das Bund Schlüssel* bunch of keys (one line further down, Kleist erroneously uses the masculine: *den Bund*)   8. *zusammenklingeln* to call together (by ringing)   10. *starr vor Entsetzen* paralyzed with terror   14. *an allen Gliedern zittern* to tremble in every limb   15. *an einem Fieber darniederliegen* to lie ill with a fever   21. *in den Wochen sterben* to die in childbed   26. *unter dem Vorwand* under the pretense   28. *während der Lebzeiten = während der Lebenszeit* 32. *geschürzt (from: schürzen)* here: all dressed up   34. *die Augen nieder-schlagen* to lower one's eyes

erfuhr ein Wort von diesem Vorfall, sie begnügte sich, mit betrübtem Herzen bei der Leiche Constanzes, die den Nicolo sehr geliebt hatte, niederzuknieen und zu weinen. Zufällig aber traf es sich, daß Piachi, der in der Stadt gewesen war, beim Eintritt
5 in sein Haus dem Mädchen begegnete, und da er wohl merkte, was sie hier zu schaffen gehabt hatte, sie heftig anging und ihr halb mit List, halb mit Gewalt, den Brief, den sie bei sich trug, abgewann. Er ging auf sein Zimmer, um ihn zu lesen, und fand, was er vorausgesehen hatte, eine dringende Bitte Nicolos an
10 Xaviera, ihm, behufs einer Zusammenkunft, nach der er sich sehne, gefälligst Ort und Stunde zu bestimmen. Piachi setzte sich nieder und antwortete, mit verstellter Schrift, im Namen Xavieras: »gleich, noch vor Nacht, in der Magdalenenkirche.« – siegelte diesen Zettel mit einem fremden Wappen zu, und ließ
15 ihn, gleich als ob er von der Dame käme, in Nicolos Zimmer abgeben. Die List glückte vollkommen; Nicolo nahm augenblicklich seinen Mantel, und begab sich in Vergessenheit Constanzes, die im Sarg ausgestellt war, aus dem Hause. Hierauf bestellte Piachi, tief entwürdigt, das feierliche, für den kommen-
20 den Tag festgesetzte Leichenbegängnis ab, ließ die Leiche, so wie sie ausgesetzt war, von einigen Trägern aufheben, und bloß von Elviren, ihm und einigen Verwandten begleitet, ganz in der Stille in dem Gewölbe der Magdalenenkirche, das für sie bereitet war, beisetzen. Nicolo, der in dem Mantel gehüllt, unter den
25 Hallen der Kirche stand, und zu seinem Erstaunen einen ihm wohlbekannten Leichenzug herannahen sah, fragte den Alten, der dem Sarge folgte: was dies bedeute? und wen man heranträge? Doch dieser, das Gebetbuch in der Hand, ohne das Haupt zu erheben, antwortete bloß: Xaviera Tartini: – worauf die Lei-
30 che, als ob Nicolo gar nicht gegenwärtig wäre, noch einmal entdeckelt, durch die Anwesenden gesegnet, und alsdann versenkt und in dem Gewölbe verschlossen ward.

Dieser Vorfall, der ihn tief beschämte, erweckte in der Brust des Unglücklichen einen brennenden Haß gegen Elviren; denn
35 ihr glaubte er den Schimpf, den ihm der Alte vor allem Volk an-

---

6. *zu schaffen haben* to have (go about some) business *(jemanden) heftig angehen* to address (s.o.) angrily 8. *(jemandem etwas) abgewinnen* to pry (s.th. away from s.o.) 10. *behufs (gen.)* concerning 13. *Magdalenenkirche* Church of St. Magdalene 14. *das Wappen* here: crest (family coat of arms) 21. *so wie sie ausgesetzt war* just as it was (the way the body had been put in the coffin) 31. *entdeckeln (obs.)* to uncover, take off the lid

getan hatte, zu verdanken zu haben. Mehrere Tage lang sprach
Piachi kein Wort mit ihm; und da er gleichwohl, wegen der Hinterlassenschaft Constanzes, seiner Geneigtheit und Gefälligkeit
bedurfte: so sah er sich genötigt, an einem Abend des Alten
Hand zu ergreifen und ihm mit der Miene der Reue, unverzüg-   *5*
lich und auf immerdar, die Verabschiedung der Xaviera anzu-
geloben, Aber dies Versprechen war er wenig gesonnen zu halten; vielmehr schärfte der Widerstand, den man ihm entgegen
setzte, nur seinen Trotz, und übte ihn in der Kunst, die Aufmerksamkeit des redlichen Alten zu umgehen. Zugleich war   *10*
ihm Elvire niemals schöner vorgekommen, als in dem Augenblick, da sie, zu seiner Vernichtung, das Zimmer, in welchem
sich das Mädchen befand, öffnete und wieder schloß. Der Unwille, der sich mit sanfter Glut auf ihren Wangen entzündete,
goß einen unendlichen Reiz über ihr mildes, von Affekten nur   *15*
selten bewegtes Antlitz; es schien ihm unglaublich, daß sie, bei
soviel Lockungen dazu, nicht selbst zuweilen auf dem Wege
wandeln sollte, dessen Blumen zu brechen er eben so schmählich von ihr gestraft worden war. Er glühte vor Begierde, ihr,
falls dies der Fall sein sollte, bei dem Alten denselben Dienst zu   *20*
erweisen, als sie ihm, und bedurfte und suchte nichts, als die
Gelegenheit, diesen Vorsatz ins Werk zu richten.
    Einst ging er, zu einer Zeit, da gerade Piachi außer dem
Hause war, an Elvirens Zimmer vorbei, und hörte, zu seinem
Befremden, daß man darin sprach. Von raschen, heimtücki-   *25*
schen Hoffnungen durchzuckt, beugte er sich mit Augen und
Ohren gegen das Schloß nieder, und – Himmel! was erblickte
er? Da lag sie, in der Stellung der Verzückung, zu jemandes Füßen, und ob er gleich die Person nicht erkennen konnte, so vernahm er doch ganz deutlich, recht mit dem Akzent der Liebe   *30*
ausgesprochen, das geflüsterte Wort: Colino. Er legte sich mit
klopfendem Herzen in das Fenster des Korridors, von wo aus
er, ohne seine Absicht zu verraten, den Eingang des Zimmers
beobachten konnte; und schon glaubte er, bei einem Geräusch,
das sich ganz leise am Riegel erhob, den unschätzbaren Augen-   *35*

---

1. *(jemandem) einen Schimpf an-tun* to give an affront to s.o. 7. *die Verabschiedung
. . . anloben* to promise to dismiss . . . 9. *Widerstand entgegensetzen* to offer resistance 12. *zu seiner Vernichtung* to his undoing 17. *bei soviel Lockungen dazu* with so
many temptations all around 22. *ins Werk richten = ins Werk setzen* to carry out
25. *zu seinem Befremden* to his surprise, consternation

blick, da er die Scheinheilige entlarven könne, gekommen: als, statt des Unbekannten den er erwartete, Elvire selbst, ohne irgend eine Begleitung, mit einem ganz gleichgültigen und ruhigen Blick, den sie aus der Ferne auf ihn warf, aus dem Zimmer hervortrat. Sie hatte ein Stück selbstgewebter Leinwand unter dem Arm; und nachdem sie das Gemach, mit einem Schlüssel, den sie sich von der Hüfte nahm, verschlossen hatte, stieg sie ganz ruhig, die Hand ans Geländer gelehnt, die Treppe hinab. Diese Verstellung, diese scheinbare Gleichgültigkeit, schien ihm der Gipfel der Frechheit und Arglist, und kaum war sie ihm aus dem Gesicht, als er schon lief, einen Hauptschlüssel herbeizuholen, und nachdem er die Umringung, mit scheuen Blicken, ein wenig geprüft hatte, heimlich die Tür des Gemachs öffnete. Aber wie erstaunte er, als er alles leer fand, und in allen vier Winkeln, die er durchspähte, nichts, das einem Menschen auch nur ähnlich war, entdeckte: außer dem Bild eines jungen Ritters in Lebensgröße, das in einer Nische der Wand, hinter einem rotseidenen Vorhang, von einem besondern Lichte bestrahlt, aufgestellt war. Nicolo erschrak, er wußte selbst nicht warum: und eine Menge von Gedanken fuhren ihm, den großen Augen des Bildes, das ihn starr ansah, gegenüber, durch die Brust: doch ehe er sie noch gesammelt und geordnet hatte, ergriff ihn schon Furcht, von Elviren entdeckt und gestraft zu werden; er schloß, in nicht geringer Verwirrung, die Tür wieder zu, und entfernte sich.

Je mehr er über diesen sonderbaren Vorfall nachdachte, je wichtiger ward ihm das Bild, das er entdeckt hatte, und je peinlicher und brennender ward die Neugierde in ihm, zu wissen, wer damit gemeint sei. Denn er hatte sie, im ganzen Umriß ihrer Stellung auf Knieen liegen gesehen, und es war nur zu gewiß, daß derjenige, vor dem dies geschehen war, die Gestalt des jungen Ritters auf der Leinwand war. In der Unruhe des Gemüts, die sich seiner bemeisterte, ging er zu Xaviera Tartini, und erzählte ihr die wunderbare Begebenheit, die er erlebt hatte. Diese, die in dem Interesse, Elviren zu stürzen, mit ihm zusammen-

---

5. *ein Stück selbstgewebter Leinwand* a piece of linen woven by herself 12. *die Umringung = die Umgebung* surroundings 30. *im ganzen Umriß ihrer Stellung auf Knieen* clearly outlined in her kneeling position 33. *die sich seiner bemeisterte* which got a hold of him

traf, indem alle Schwierigkeiten, die sie in ihrem Umgang fanden, von ihr herrührten, äußerte den Wunsch, das Bild, das in dem Zimmer derselben aufgestellt war, einmal zu sehen. Denn einer ausgebreiteten Bekanntschaft unter den Edelleuten Italiens konnte sie sich rühmen, und falls derjenige, der hier in Rede stand, nur irgend einmal in Rom gewesen und von einiger Bedeutung war, so durfte sie hoffen, ihn zu kennen. Es fügte sich auch bald, daß die beiden Eheleute Piachi, da sie einen Verwandten besuchen wollten, an einem Sonntag auf das Land reiseten, und kaum wußte Nicolo auf diese Weise das Feld rein, als er schon zu Xavieren eilte, und diese mit einer kleinen Tochter, die sie von dem Kardinal hatte, unter dem Vorwande, Gemälde und Stickereien zu besehen, als eine fremde Dame in Elvirens Zimmer führte. Doch wie betroffen war Nicolo, als die kleine Klare (so hieß die Tochter), sobald er nur den Vorhang erhoben hatte, ausrief: »Gott, mein Vater! Signor Nicolo, wer ist das anders, als Sie?« – Xaviera verstummte. Das Bild, in der Tat, je länger sie es ansah, hatte eine auffallende Ähnlichkeit mit ihm: besonders wenn sie sich ihn, wie ihrem Gedächtnis gar wohl möglich war, in dem ritterlichen Aufzug dachte, in welchem er, vor wenigen Monaten, heimlich mit ihr auf dem Karneval gewesen war. Nicolo versuchte ein plötzliches Erröten, das sich über seine Wangen ergoß, wegzuspotten; er sagte, indem er die Kleine küßte: wahrhaftig, liebste Klare, das Bild gleicht mir, wie du demjenigen, der sich deinen Vater glaubt! – Doch Xaviera, in deren Brust das bittere Gefühl der Eifersucht rege geworden war, warf einen Blick auf ihn; sie sagte, indem sie vor den Spiegel trat, zuletzt sei es gleichgültig, wer die Person sei; empfahl sich ihm ziemlich kalt und verließ das Zimmer.

Nicolo verfiel, sobald Xaviera sich entfernt hatte, in die lebhafteste Bewegung über diesen Auftritt. Er erinnerte sich, mit vieler Freude, der sonderbaren und lebhaften Erschütterung, in welche er, durch die phantastische Erscheinung jener Nacht, Elviren versetzt hatte. Der Gedanke, die Leidenschaft dieser, als ein Muster der Tugend umwandelnden Frau erweckt zu haben,

5

10

15

20

25

30

35

---

6. *in Rede stehen* to be under discussion 7. *es fügte sich* as luck would have it
10. *das Feld rein wissen* to know the coast is clear 23. *wegspotten* to laugh off
27. *rege werden* to begin to stir 35. *diese, als Muster der Tugend umwandelnde Frau* this woman walking about as a model of virtue

schmeichelte ihn fast eben so sehr, als die Begierde, sich an ihr
zu rächen; und da sich ihm die Aussicht eröffnete, mit einem
und demselben Schlage beide, das eine Gelüst, wie das andere,
zu befriedigen, so erwartete er mit vieler Ungeduld Elvirens
Wiederkunft, und die Stunde, da ein Blick in ihr Auge seine
schwankende Überzeugung krönen würde. Nichts störte ihn in
dem Taumel, der ihn ergriffen hatte, als die bestimmte Erinnerung, daß Elvire das Bild, vor dem sie auf Knieen lag, damals,
als er sie durch das Schlüsselloch belauschte: Colino, genannt
hatte; doch auch in dem Klang dieses, im Lande nicht eben ge-
bräuchlichen Namens, lag mancherlei, das sein Herz, er wußte
nicht warum, in süße Träume wiegte, und in der Alternative,
einem. von beiden Sinnen, seinem Auge oder seinem Ohr zu
mißtrauen, neigte er sich, wie natürlich, zu demjenigen hin-
über, der seiner Begierde am lebhaftesten schmeichelte.

Inzwischen kam Elvire erst nach Verlauf mehrerer Tage von
dem Lande zurück, und da sie aus dem Hause des Vetters, den
sie besucht hatte, eine junge Verwandte mitbrachte, die sich in
Rom unzusehen wünschte, so warf sie, mit Artigkeiten gegen
diese beschäftigt, auf Nicolo, der sie sehr freundlich aus dem
Wagen hob, nur einen flüchtigen nichtsbedeutenden Blick.
Mehrere Wochen, der Gastfreundin, die man bewirtete, aufge-
opfert, vergingen in einer dem Hause ungewöhnlichen Unruhe;
man besuchte, in- und außerhalb der Stadt, was einem Mädchen, jung und lebensfroh, wie sie war, merkwürdig sein mochte; und Nicolo, seiner Geschäfte im Kontor halber, zu allen diesen kleinen Fahrten nicht eingeladen, fiel wieder, in Bezug auf
Elviren, in die übelste Laune zurück. Er begann wieder, mit den
bittersten und quälendsten Gefühlen, an den Unbekannten zurück zu denken, den sie in heimlicher Ergebung vergötterte;
und dies Gefühl zerriß besonders am Abend der längst mit
Sehnsucht erharrten Abreise jener jungen Verwandten sein
verwildertes Herz, da Elvire, statt nun mit ihm zu sprechen,
schweigend, während einer ganzen Stunde, mit einer kleinen,
weiblichen Arbeit beschäftigt, am Speisetisch saß. Es traf sich,

2. *die Aussicht eröffnete sich* the prospect opened up   3. *mit einem und demselben
Schlage* at one and the same stroke   10. *eben* = here: *besonders*   12. *in Träume wiegen*
to lull, rock into dreams   19. *sich um-sehen* here: to do sightseeing   20. *mit Artigkeiten
beschäftigt* taken up with civilities   25. *merkwürdig* here: noteworthy   26. *halber
(gen.)* due to

daß Piachi, wenige Tage zuvor, nach einer Schachtel mit kleinen, elfenbeinernen Buchstaben gefragt hatte, vermittelst welcher Nicolo in seiner Kindheit unterrichtet worden, und die dem Alten nun, weil sie niemand mehr brauchte, in den Sinn gekommen war, an ein kleines Kind in der Nachbarschaft zu verschenken. Die Magd, der man aufgegeben hatte, sie, unter vielen anderen, alten Sachen, aufzusuchen, hatte inzwischen nicht mehr gefunden, als die sechs, die den Namen: *Nicolo* ausmachen; wahrscheinlich weil die andern, ihrer geringeren Beziehung auf den Knaben wegen, minder in Acht genommen und, bei welcher Gelegenheit es sei, verschleudert worden waren. Da nun Nicolo die Lettern, welche seit mehreren Tagen auf dem Tisch lagen, in die Hand nahm, und während er, mit dem Arm auf die Platte gestürzt, in trüben Gedanken brütete, damit spielte, fand er – zufällig, in der Tat, selbst, denn er erstaunte darüber, wie er noch in seinem Leben nicht getan – die Verbindung heraus, welche den Namen: *Colino* bildet. Nicolo, dem diese logographische Eigenschaft seines Namens fremd war, warf, von rasenden Hoffnungen von neuem getroffen, einen ungewissen und scheuen Blick auf die ihm zur Seite sitzende Elvire. Die Übereinstimmung, die sich zwischen beiden Wörtern angeordnet fand, schien ihm mehr als ein bloßer Zufall, er erwog, in unterdrückter Freude, den Umfang dieser sonderbaren Entdeckung, und harrte, die Hände vom Tisch genommen, mit klopfendem Herzen des Augenblicks, da Elvire aufsehen und den Namen, der offen da lag, erblicken würde. Die Erwartung, in der er stand, täuschte ihn auch keineswegs; denn kaum hatte Elvire, in einem müßigen Moment, die Aufstellung der Buchstaben bemerkt, und harmlos und gedankenlos, weil sie ein wenig kurzsichtig war, sich näher darüber hingebeugt, um sie zu lesen: als sie schon Nicolos Antlitz, der in scheinbarer Gleichgültigkeit darauf niedersah, mit einem sonderbar beklommenen Blick überflog, ihre Arbeit, mit einer Wehmut, die man nicht beschreiben kann, wieder aufnahm, und, unbemerkt wie sie sich glaubte, eine Träne nach der ande-

---

2. *vermittelst (gen.)* by means of 9. *aus-machen* here: to make up 10. *minder = weniger in Acht nehmen* here: to pay attention to 17. *Colino* in Italian, Colino is an endearing form for Nicolo 18. *logographisch* logographic, here: anagrammatic

ren, unter sanftem Erröten, auf ihren Schoß fallen ließ. Nicolo, der alle diese innerlichen Bewegungen, ohne sie anzusehen, beobachtete, zweifelte gar nicht mehr, daß sie unter dieser Versetzung der Buchstaben nur seinen eignen Namen verberge. Er sah sie die Buchstaben mit einemmal sanft übereinander schieben, und seine wilden Hoffnungen erreichten den Gipfel der Zuversicht, als sie aufstand, ihre Handarbeit weglegte und in ihr Schlafzimmer verschwand. Schon wollte er aufstehen und ihr dahin folgen: als Piachi eintrat, und von einer Hausmagd, auf die Frage, wo Elvire sei? zur Antwort erhielt: »daß sie sich nicht wohl befinde und sich auf das Bett gelegt habe.« Piachi, ohne eben große Bestürzung zu zeigen, wandte sich um, und ging, um zu sehen, was sie mache; und da er nach einer Viertelstunde, mit der Nachricht, daß sie nicht zu Tische kommen würde, wiederkehrte und weiter kein Wort darüber verlor: so glaubte Nicolo den Schlüssel zu allen rätselhaften Auftritten dieser Art, die er erlebt hatte, gefunden zu haben.

Am andern Morgen, da er, in seiner schändlichen Freude, beschäftigt war, den Nutzen, den er aus dieser Entdeckung zu ziehen hoffte, zu überlegen, erhielt er ein Billet von Xavieren, worin sie ihn bat, zu ihr zu kommen, indem sie ihm, Elviren betreffend, etwas, das ihm interessant sein würde, zu eröffnen hätte. Xaviera stand, durch den Bischof, der sie unterhielt, in der engsten Verbindung mit den Mönchen des Karmeliterklosters; und da seine Mutter in diesem Kloster zur Beichte ging, so zweifelte er nicht, daß es jener möglich gewesen wäre, über die geheime Geschichte ihrer Empfindungen Nachrichten, die seine unnatürlichen Hoffnungen bestätigen konnten, einzuziehen. Aber wie unangenehm, nach einer sonderbaren schalkhaften Begrüßung Xavierens, ward er aus der Wiege genommen, als sie ihn lächelnd auf den Diwan, auf welchem sie saß, niederzog, und ihm sagte: sie müsse ihm nur eröffnen, daß der Gegenstand von Elvirens Liebe ein, schon seit zwölf Jahren, im Grabe schlummernder Toter sei. – Aloysius, Marquis von Montferrat, dem ein Oheim zu Paris, bei dem er erzogen worden war, den

5. *mit einemmal* = *auf einmal* all at once   20. *Nutzen ziehen aus* to benefit from, derive profit from   23. *unterhalten* here: to keep (a woman)   25. this refers to Nicolo's stepmother, Elvire *zur Beichte gehen* to go to confession   30. *(jemanden) aus der Wiege nehmen* to disabuse s.o. of some illusion (lit.: to take s.o. out of the cradle)

Zunamen *Collin*, späterhin in Italien scherzhafter Weise in *Co-lino* umgewandelt, gegeben hatte, war das Original des Bildes, das er in der Nische, hinter dem rotseidenen Vorhang, in Elvirens Zimmer entdeckt hatte; der junge, genuesische Ritter, der sie, in ihrer Kindheit, auf so edelmütige Weise aus dem Feuer gerettet und an den Wunden, die er dabei empfangen hatte, gestorben war. – Sie setzte hinzu, daß sie ihn nur bitte, von diesem Geheimnis weiter keinen Gebrauch zu machen, indem es ihr, unter dem Siegel der äußersten Verschwiegenheit, von einer Person, die selbst kein eigentliches Recht darüber habe, im Karmeliterkloster anvertraut worden sei. Nicolo versicherte, indem Blässe und Röte auf seinem Gesicht wechselten, daß sie nichts zu befürchten habe; und gänzlich außer Stand, wie er war, Xaveriens schelmischen Blicken gegenüber, die Verlegenheit, in welche ihn diese Eröffnung gestürzt hatte, zu verbergen, schützte er ein Geschäft vor, das ihn abrufe, nahm, unter einem häßlichen Zucken seiner Oberlippe, seinen Hut, empfahl sich und ging ab.

Beschämung, Wollust und Rache vereinigten sich jetzt, um die abscheulichste Tat, die je verübt worden ist, auszubrüten. Er fühlte wohl, daß Elvirens reiner Seele nur durch einen Betrug beizukommen sei; und kaum hatte ihm Piachi, der auf einige Tage aufs Land ging, das Feld geräumt, als er auch schon Anstalten traf, den satanischen Plan, den er sich ausgedacht hatte, ins Werk zu richten. Er besorgte sich genau denselben Anzug wieder, in welchem er, vor wenig Monaten, da er zur Nachtzeit heimlich vom Karneval zurückkehrte, Elviren erschienen war; und Mantel, Kollett und Federhut, genuesischen Zuschnitts, genau so, wie sie das Bild trug, umgeworden, schlich er sich, kurz vor dem Schlafengehen, in Elvirens Zimmer, hing ein schwarzes Tuch über das in der Nische stehende Bild, und wartete, einen Stab in der Hand, ganz in der Stellung des gemalten jungen Patriziers, Elvirens Vergötterung ab. Er hatte auch, im Scharfsinn seiner schändlichen Leidenschaft, ganz richtig gerechnet; denn kaum hatte Elvire, die bald darauf

5

10

15

20

25

30

35

---

9. *unter dem Siegel der äußersten Verschwiegenheit* under the seal of the strictest secrecy 13. *gänzlich außer Stand* completely unable 16. *ein Geschäft vor-schützen* to pretend to have some (pressing) business 20. *eine Tat verüben* to perpetrate some (mis)deed *aus-brüten* to hatch 22. *(jemandem) durch einen Betrug bei-kommen* to get at s.o. through trickery 23. *das Feld räumen* to clear out 29. *genuesischen Zuschnitts* of Genoese cut *umgeworfen* here: wearing (lit: throwing around) his body (*umgeworfen* goes well with cloak, but is hardly appropriate for plumed hat!)

METHODIST COLLEGE LIBRARY
Fayetteville, N. C.

084126

eintrat, nach einer stillen und ruhigen Entkleidung, wie sie gewöhnlich zu tun pflegte, den seidnen Vorhang, der die Nische
bedeckte, eröffnet und ihn erblickt: als sie schon: Colino! Mein
Geliebter! rief und ohnmächtig auf das Getäfel des Bodens niedersank. Nicolo trat aus der Nische hervor; er stand einen Augenblick, im Anschauen ihrer Reize versunken, und betrachtete
ihre zarte, unter dem Kuß des Todes plötzlich erblassende Gestalt: hob sie aber bald, da keine Zeit zu verlieren war, in seinen
Armen auf, und trug sie, indem er das schwarze Tuch von dem
Bild herabriß, auf das im Winkel des Zimmers stehende Bett.
Dies abgetan, ging er, die Tür zu verriegeln, fand aber, daß sie
schon verschlossen war; und sicher, daß sie auch nach Wiederkehr ihrer verstörten Sinne, seiner phantastischen, dem Ansehen nach überirdischen Erscheinung keinen Widerstand leisten
würde, kehrte er jetzt zu dem Lager zurück, bemüht, sie mit
heißen Küssen auf Brust und Lippen aufzuwecken. Aber die
Nemesis, die dem Frevel auf dem Fuß folgt, wollte, daß Piachi,
den der Elende noch auf mehrere Tage entfernt glaubte, unvermutet, in eben dieser Stunde, in seine Wohnung zurückkehren mußte; leise, da er Elviren schon schlafen glaubte, schlich er
durch den Korridor heran, und da er immer den Schlüssel bei
sich trug, so gelang es ihm, plötzlich, ohne daß irgend ein Geräusch ihn angekündigt hätte, in das Zimmer einzutreten. Nicolo stand wie vom Donner gerührt; er warf sich, da seine Büberei auf keine Weise zu bemänteln war, dem Alten zu Füßen, und
bat ihn, unter der Beteurung, den Blick nie wieder zu seiner
Frau zu erheben, um Vergebung. Und in der Tat war der Alte
auch geneigt, die Sache still abzumachen; sprachlos, wie ihn einige Worte Elvirens gemacht hatten, die sich von seinen Armen
umfaßt, mit einem entsetzlichen Blick, den sie auf den Elenden
warf, erholt hatte, nahm er bloß, indem er die Vorhänge des
Bettes, auf welchem sie ruhte, zuzog, die Peitsche von der
Wand, öffnete ihm die Tür und zeigte ihm den Weg, den er unmittelbar wandern sollte. Doch dieser, eines Tartüffe völlig
würdig, sah nicht sobald, daß auf diesem Wege nichts auszu-

---

11. *Dies abgetan* that (much) done with, then   13. *nach Wiederkehr ihrer verstörten
Sinne* after she regained her (disordered) senses   14. *dem Ansehen nach* apparently
Widerstand leisten to offer resistance   17. *Nemesis* name of the Greek Goddess of retri-
bution; the avenger   *dem Frevel auf dem Fuß folgen* to follow on the heels of an outrage
24. *wie vom Donner gerührt* thunderstruck   34. *Tartüffe* hypocrite, esp. one who
affects religious piety (name of the main character in Molière's comedy "Tartuffe.")
35. *sah nicht sobald* here: no sooner saw

richten war, als er plötzlich vom Fußboden erstand und erklärte:
an ihm, dem Alten, sei es, das Haus zu räumen, denn er durch
vollgültige Dokumente eingesetzt, sei der Besitzer und werde
sein Recht, gegen wen immer auf der Welt es sei, zu behaupten
wissen! – Piachi traute seinen Sinnen nicht; durch diese uner-   *5*
hörte Frechheit wie entwaffnet, legte er die Peitsche weg, nahm
Hut und Stock, lief augenblicklich zu seinem alten Rechtsfreund, dem Doktor Valerio, klingelte eine Magd heraus, die
ihm öffnete, und fiel, da er sein Zimmer erreicht hatte, bewußtlos, noch ehe er ein Wort vorgebracht hatte, an seinem Bette   *10*
nieder. Der Doktor, der ihn und späterhin auch Elviren in seinem Hause aufnahm, eilte gleich am andern Morgen, die Festsetzung des höllischen Bösewichts, der mancherlei Vorteile für
sich hatte, auszuwirken; doch während Piachi seine machtlosen
Hebel ansetzte, ihn aus den Besitzungen, die ihm einmal zuge-   *15*
schrieben waren, wieder zu verdrängen, flog jener schon mit einer Verschreibung über den ganzen Inbegriff derselben, zu den
Karmelitermönchen, seinen Freunden, und forderte sie auf, ihn
gegen den alten Narren, der ihn daraus vertreiben wolle, zu beschützen. Kurz, da er Xavieren, welche der Bischof los zu sein   *20*
wünschte, zu heiraten willigte, siegte die Bosheit, und die Re-
gierung erließ, auf Vermittelung dieses geistlichen Herrn, ein
Dekret, in welchem Nicolo in den Besitz bestätigt und dem Piachi aufgegeben ward, ihn nicht darin zu belästigen.

Piachi hatte gerade Tags zuvor die unglückliche Elvire begra-   *25*
ben, die an den Folgen eines hitzigen Fiebers, das ihr jener Vorfall zugezogen hatte, gestorben war. Durch diesen doppelten
Schmerz gereizt, ging er, das Dekret in der Tasche, in das
Haus, und stark, wie die Wut ihn machte, warf er den von Natur schwächeren Nicolo nieder und drückte ihm das Gehirn an   *30*
der Wand ein. Die Leute die im Hause waren, bemerkten ihn
nicht eher, als bis die Tat geschehen war; sie fanden ihn noch,
da er den Nicolo zwischen den Knien hielt, und ihm das Dekret in den Mund stopfte. Dies abgemacht, stand er, indem er
alle seine Waffen abgab, auf; ward ins Gefängnis gesetzt, ver-   *35*

2. *es sei an ihm* it was incumbent upon him   3. *durch vollgültige Dokumente eingesetzt*
appointed through fully validated documents; by law   5. *seinen Sinnen (nicht)*
trauen (not) to trust one's senses   8. *der Rechtsfreund* lawyer friend   12. *in seinem*
Hause auf-nehmen to take into his house   14. *die Festsetzung (= die Festnahme) aus-*
wirken to bring about the arrest   15. *die Hebel an-setzen* to initiate action (lit: to apply
the levers)   17. *mit einer Verschreibung über den ganzen Inbegriff derselben* with a deed
for the entirety of these (properties)   21. *willigen = einwilligen* to agree (to do
s.th.)   22. *auf Vermittelung (= Vermittlung)* through the intermediary   23. *ein*
Dekret erlassen to issue a decree   24. *(jemandem) auf-geben* to order (s.o.) to do
s.th.   25. *Tags zuvor* the day before   34. *dies abgemacht* here: this over and done with

hört und verurteilt, mit dem Strange vom Leben zum Tode gebracht zu werden.

In dem Kirchenstaat herrscht ein Gesetz, nach welchem kein
Verbrecher zum Tode geführt werden kann, bevor er die Absolution empfangen. Piachi, als ihm der Stab gebrochen war,
verweigerte sich hartnäckig der Absolution. Nachdem man
vergebens alles, was die Religion an die Hand gab, versucht hatte, ihm die Strafwürdigkeit seiner Handlung fühlbar zu machen, hoffte man, ihn durch den Anblick des Todes, der seiner
wartete, in das Gefühl der Reue hineinzuschrecken, und führte
ihn nach dem Galgen hinaus. Hier stand ein Priester und schil-
derte ihm, mit der Lunge der letzten Posaune, alle Schrecknisse
der Hölle, in die seine Seele hinabzufahren im Begriff war; dort
ein anderer, den Leib des Herrn, das heilige Entsühnungsmittel
in der Hand, und pries ihm die Wohnungen des ewigen Friedens. – »Willst du der Wohltat der Erlösung teilhaftig werden?«
fragten ihn beide. »Willst du das Abendmahl empfangen?« –
Nein, antwortete Piachi. – »Warum nicht?« – Ich will nicht selig sein. Ich will in den untersten Grund der Hölle hinabfahren.
Ich will den Nicolo, der nicht im Himmel sein wird, wie-
derfinden, und meine Rache, die ich hier nur unvollständig befriedigen konnte, wieder aufnehmen! – Und damit bestieg er die
Leiter und forderte den Nachrichter auf, sein Amt zu tun.
Kurz, man sah sich genötigt, mit der Hinrichtung einzuhalten,
und den Unglücklichen, den das Gesetz in Schutz nahm, wieder in das Gefängnis zurückzuführen. Drei hinter einander fol-
gende Tage machte man dieselben Versuche und immer mit
demselben Erfolg. Als er am dritten Tage wieder, ohne an den
Galgen geknüpft zu werden, die Leiter herabsteigen mußte: hob
er, mit einer grimmigen Gebärde, die Hände empor, das un-
menschliche Gesetz verfluchend, das ihn nicht zur Hölle fahren
lassen wolle. Er rief die ganze Schar der Teufel herbei, ihn zu
holen, verschwor sich, sein einziger Wunsch sei, gerichtet und
verdammt zu werden, und versicherte, er würde noch dem ersten, besten Priester an den Hals kommen, um des Nicolo in der

---

1. *mit dem Strange* by hanging 5. *die Absolution empfangen* to receive absolution (in
the Roman Catholic Church: the formal remission of sins imparted by a priest as part of the
sacrament of penance) *den Stab brechen* to condemn 7. *an die Hand geben* to offer
12. *mit der Lunge der letzten Posaune* with a stentorian voice (lit.: with the lung[blast] of
the last trumpet 14. *das heilige Entsühnungsmittel* the holy means of atonement (=
the host) 16. *teilhaftig werden (gen.)* to partake of 23. *der Nachrichter* (= *Scharfrich-*
ter) hangman, executioner *sein Amt tun* to do his duty 24. *ein-halten* here: to
proceed with 29. *an den Galgen knüpfen* to string up on the gallows 33. *sich*
verschwören = schwören to swear 35. *an den Hals kommen* to take by the throat

Hölle wieder habhaft zu werden! – Als man dem Papst dies meldete, befahl er, ihn ohne Absolution hinzurichten; kein Priester begleitete ihn, man knüpfte ihn, ganz in der Stille, auf dem Platz del popolo auf.

---

1. *habhaft werden (gen.)* to lay one's hands on 4. *del popolo* Italian: of the people (notice the irony: there are no people at his execution)

Excerpts from Letters

Excerpts from a letter by Kleist to his erstwhile preceptor, *Christian Ernst Martini*, written on March 19, 1799, in which he cites some of his reasons for quitting the army and reveals his plans for academic studies.

Denn eben durch diese Betrachtungen wurde mir der Soldatenstand, dem ich nie von Herzen zugetan gewesen bin, weil er etwas durchaus Ungleichartiges mit meinem ganzen Wesen in sich trägt, so verhaßt, daß es mir nach und nach lästig wurde, zu seinem Zwecke mitwirken zu müssen. Die größten Wunder militärischer Disziplin, die der Gegenstand des Erstaunens aller Kenner waren, wurden der Gegenstand meiner herzlichsten Verachtung; die Offiziere hielt ich für so viele Exerziermeister, die Soldaten für so viele Sklaven, und wenn das ganze Regiment seine Künste machte, schien es mir als ein lebendiges Monument der Tyrannei. Dazu kam noch, daß ich den übeln Eindruck, den meine Lage auf meinen Charakter machte, lebhaft zu fühlen anfing. Ich war oft gezwungen, zu strafen, wo ich gern verziehen hätte, oder verzieh, wo ich hätte strafen sollen; und in beiden Fällen hielt ich mich selbst für strafbar. In solchen Augenblicken mußte natürlich der Wunsch in mir entstehen, einen Stand zu verlassen, in welchem ich von zwei durchaus entgegengesetzten Prinzipien unaufhörlich gemartert wurde, immer zweifelhaft war, ob ich als Mensch oder als Offizier handeln mußte; denn die Pflichten beider zu vereinen, halte ich bei dem jetzigen Zustande der Armeen für unmöglich.

Aber all diese Einwürfe trafen meinen Entschluß nicht. Nicht aus Unzufriedenheit mit meiner äußern Lage, nicht aus Mangel an Brot, nicht aus Spekulation auf Brot, — sondern aus Neigung zu den Wissenschaften, aus dem eifrigsten Bestreben nach einer Bildung, welche, nach meiner Überzeugung, in dem Militärdienste nicht zu erlangen ist, verlasse ich denselben. Meine Absicht ist, das Studium der reinen Mathematik und reinen Logik selbst zu beendigen und mich in der lateinischen Sprache

---

8. *etwas Ungleichartiges* something incompatible 13. *der Exerziermeister* drill master 20. *strafbar* culpable 23. *martern* to torture 29. *das Brot* here: means of subsistence, money

zu befestigen, und diesem Zwecke bestimme ich einen jahre-
langen Aufenthalt in Frankfurt. Alles was ich dort hören möchte,
ist ein Kollegium über literarische Enzyklopädie. Sobald dieser
Grund gelegt ist — und um ihn zu legen, muß ich die benannten
Wissenschaften durchaus selbst studieren —, wünsche ich nach   5
Göttingen zu gehen, um mich dort der höheren Theologie, der
Mathematik, Philosophie und Physik zu widmen, zu welcher
letzteren ich einen mir selbst unerklärlichen Hang habe, obwohl
in meiner früheren Jugend die Kultur des Sinnes für die Natur
und ihre Erscheinungen durchaus vernachlässigt geblieben ist   10
und ich in dieser Hinsicht bis jetzt nichts kann, als mit Erstaunen
und Verwunderung an ihre Phänomene denken.

The following is an extract from a letter written on March 18, 1799 to
Kleist's life-long friend *Rühle von Lilienstern*. The letter has the
makings of a formal discourse and bears the didactic title: 15
Aufsatz, den sichern Weg des Glücks zu finden und
ungestört — auch unter den größten Drangsalen des Lebens ihn
zu genießen.
The letter expresses Kleist's youthful belief in the beautiful correla-
tion between virtue and inner happiness.   20

Wenn das Glück nur allein von äußeren Umständen, wenn es
also vom Zufall abhinge, mein Freund, und wenn Sie mir auch
davon tausend Beispiele aufführten; was mit der Güte und
Weisheit Gottes streitet, kann nicht wahr sein. Der Gottheit
liegen die Menschen alle gleich nahe am Herzen, nur der bei   25
weitem kleinste Teil ist indes der vom Schicksal begünstigte, für
den größten wären also die Genüsse des Glücks auf immer
verloren. Nein, mein Freund, so ungerecht kann Gott nicht sein,
es muß ein Glück geben, das sich von den äußeren Umständen
trennen läßt, alle Menschen haben ja gleiche Ansprüche darauf,   30
für alle muß es also in gleichem Grade möglich sein.
  Lassen Sie uns also das Glück nicht an äußere Umstände knüpfen, wo es immer nur wandelbar sein würde, wie die Stütze, auf
welcher es ruht; lassen Sie es uns lieber als Belohnung und Er-
munterung an die Tugend knüpfen, dann erscheint es in schö-   35

---

3. *literarische Enzyklopädie* here: history of literature   8. *einen Hang haben*   to have a
penchant, inclination   17. *ungestört* undisturbed   *die Drangsale,* pl.   tribulations
25. *am Herzen liegen*   to be close to one's heart   26. *der vom Schicksal begünstigte* the
one favored by fate   30. *Anspruch haben auf* (acc.)   to have a claim, right to   33. *wandel-*
bar unstable, changeable

nerer Gestalt und auf sicherem Boden. Diese Vorstellung scheint Ihnen in einzelnen Fällen und unter gewissen Umständen wahr, mein Freund, *sie ist es in allen*, und es freut mich in voraus, daß ich Sie davon überzeugen werde.

Wenn ich Ihnen so das Glück als Belohnung der Tugend aufstelle, so erscheint zunächst freilich das erste als Zweck und das andere nur als Mittel. Dabei fühle ich, daß in diesem Sinne die Tugend auch nicht in ihrem höchsten und erhabensten Beruf erscheint, ohne darum angeben zu können, wie dieses Verhältnis zu ändern sei. Es ist möglich daß es das Eigentum einiger wenigen schönern Seelen ist, die Tugend allein um der Tugend selbst willen zu lieben, und zu üben. Aber mein Herz sagt mir, daß die Erwartung und Hoffnung auf ein menschliches Glück, und die Aussicht auf tugendhafte, wenn freilich nicht mehr ganz so reine Freuden, dennoch nicht strafbar und verbrecherisch sei. Wenn ein Eigennutz dabei zum Grunde liegt, so ist es der edelste der sich denken läßt, denn es ist der Eigennutz der Tugend selbst.

Und dann, mein Freund, dienen und unterstützen sich doch diese beiden Gottheiten so wechselseitig, das Glück als Aufmunterung zur Tugend, die Tugend also Weg zum Glück, daß es dem Menschen wohl erlaubt sein kann, sie nebeneinander und ineinander zu denken. Es ist kein bessrer Sporn zur Tugend möglich, als die Aussicht auf ein nahes Glück, und kein schönerer und edlerer Weg zum Glücke denkbar, als der Weg der Tugend.

Excerpt from a letter to Kleist's future fiancée, *Wilhelmine von Zenge*, written at the beginning of 1800, in which Kleist tormentingly tries to analyze their feelings for each other and pleads for her trust. Notice the stiff, formal "Sie," which was common in Kleist's time even among relatives and close acquaintances.

Zwar—was soll ich aus dem Frohsinn, der auch Sie seit gestern belebt, was soll ich aus den Freudentränen, die Sie bei der Erklärung Ihres Vaters vergossen haben, was soll ich aus der Güte, mit welcher Sie mich in diesen Tagen zuweilen angeblickt haben, was soll ich aus dem innigen Vertrauen, mit welchem Sie

8. *der Beruf* here: purpose 17. *der Eigennutz* self-interest 19. *wechselseitig* mutually 22. *der Sporn* spur, incentive 32. *beleben* to animate

in einigen der verflossenen Abende, besonders gestern am Forte-
piano, zu mir sprachen, was soll ich aus der Kühnheit, mit welcher Sie sich jetzt, weil Sie es dürfen, selbst in Gegenwart andrer
mir nähern, da Sie sonst immer schüchtern von mir entfernt
blieben—ich frage, was soll ich aus allen diesen fast   5
unzweifelhaften Zügen anderes schließen, was anderes, Wilhelmine, als daß ich geliebt werde?

Aber darf ich meinen Augen und meinen Ohren, darf ich
meinem Witze und meinem Scharfsinn, darf ich dem Gefühle
meines leichtgläubigen Herzens, das sich schon einmal von   10
ähnlichen Zügen täuschen ließ, wohl trauen? Muß ich nicht miß-
trauisch werden auf meine Schlüsse, da Sie mir selbst schon
einmal gezeigt haben, wie falsch sie zuweilen sind? Was kann ich
im Grunde, reiflich überlegt, mehr glauben, als was ich vor
einem halben Jahre auch schon wußte, ich frage, was kann ich   15
mehr glauben, als daß Sie mich *schätzen* und daß Sie mich wie
einen Freund lieben?

Und doch wünsche ich *mehr*, und doch möchte ich nun gern
wissen, was Ihr Herz für mich fühlt. Wilhelmine! Lassen Sie mich
einen Blick in Ihr Herz tun. Öffnen Sie mir es einmal mit   20
Vertrauen und Offenherzigkeit. So viel Vertrauen, so viel
unbegrenztes Vertrauen von meiner Seite verdient doch wohl
einige Erwiderung von der Ihrigen. Ich will nicht sagen, daß Sie
mich lieben müßten, weil ich Sie liebe; aber vertrauen müssen Sie
sich mir, weil ich mich Ihnen unbegrenzt vertraut habe.—Wil-   25
helmine! Schreiben Sie mir einmal *recht innig und herzlich.*
Führen Sie mich einmal in das Heiligtum Ihres Herzens, das ich
noch nicht mit Gewißheit kenne. Wenn der Glaube, den ich aus
der Innigkeit Ihres Betragens gegen mich schöpfte, zu kühn und
noch zu übereilt war, so scheuen Sie sich nicht es mir zu sagen.   30
Ich werde mit den Hoffnungen, die Sie mir gewiß nicht
entziehen werden, zufrieden sein. Aber auch dann, Wilhelmine,
wenn mein Glaube gegründet wäre, auch dann scheuen Sie sich
nicht, sich mir ganz zu vertrauen. Sagen Sie es mir, wenn Sie
mich lieben—denn warum wollten Sie sich dessen schämen? *Bin*   35
ich nicht ein edler Mensch, Wilhelmine?

Zwar eigentlich—ich will es Ihnen nur offenherzig gestehen,
Wilhelmine, was Sie auch immerhin von meiner Eitelkeit denken

9. *der Witz* here: good sense *der Scharfsinn* discernment, sagacity 10. *leichtgläubig*
credulous 12. *die Schlüsse*, pl. here: inferences 21. *die Offenherzigkeit* candor 23. *die*
Erwiderung here: reciprocation 25. *unbegrenzt* unlimited 29. *Glauben schöpfen aus*
to derive faith from, take heart in

mögen—eigentlich bin ich es *fest überzeugt*, daß Sie mich lieben. Aber, Gott weiß, welche seltsame Reihe von Gedanken mich wünschen lehrt, daß Sie es mir sagen möchten. Ich glaube, daß ich entzückt sein werde, und daß Sie mir einen Augenblick, voll der üppigsten und innigsten Freude bereiten werden, wenn Ihre Hand sich entschließen könnte, diese drei Worte niederzuschreiben: *ich liebe Dich*.

Ja. Wilhelmine, sagen Sie mir diese drei herrlichen Worte; sie sollen für die ganze Dauer meines künftigen Lebens gelten. Sagen Sie sie mir *einmal* und lassen Sie uns dann bald dahin kommen, daß wir nicht mehr nötig haben, sie uns zu wiederholen. Denn nicht durch Worte aber durch Handlungen zeigt sich *wahre Treue* und *wahre Liebe*. Lassen Sie uns bald recht *innig* vertraut werden, damit wir uns ganz kennen lernen. Ich weiß nichts, Wilhelmine, in meiner Seele regt sich kein Gedanke, kein Gefühl in meinem Busen, das ich mich scheuen dürfte Ihnen mitzuteilen. Und was könnten Sie mir wohl zu verheimlichen haben? Und was könnte Sie wohl bewegen, die erste Bedingung der Liebe, *das Vertrauen* zu verletzen?—Also offenherzig, Wilhelmine, *immer offenherzig*. Was wir auch denken und fühlen und wünschen—etwas Unedles kann es nicht sein, und darum wollen wir es uns freimütig mitteilen. Vertrauen und Achtung, das sind die beiden unzertrennlichen Grundpfeiler der Liebe, ohne welche sie nicht bestehen kann; denn ohne Achtung hat die Liebe keinen Wert und ohne Vertrauen keine Freude.

An excerpt from Kleist's Kantbrief to *Wilhelmine* of March 22, 1801, in which he attempts to explain to her the despair caused in him by the study of Kantian philosophy.

Ich hatte schon als Knabe . . . mir den Gedanken angeeignet, daß die Vervollkommnung der Zweck der Schöpfung wäre. Ich glaubte, daß wir einst nach dem Tode von der Stufe der Vervollkommnung, die wir auf diesem Sterne erreichten, auf einem andern weiter fortschreiten würden, und daß wir den Schatz von Wahrheiten, den wir hier sammelten, auch dort einst brauchen könnten. Aus diesen Gedanken bildete sich so nach und nach eine eigne Religion, und das Bestreben, nie auf einen Augenblick

11. *dahin kommen* here: to get to the point 36. *eigne = eigene* here: veritable

hienieden still zu stehen, und immer unaufhörlich einem höhern Grade von Bildung entgegenzuschreiten, ward bald das einzige Prinzip meiner Tätigkeit. *Bildung* schien mir das einzige Ziel, das des Bestrebens, *Wahrheit* der einzige Reichtum, der des Besitzes würdig ist. — Ich weiß nicht, liebe Wilhelmine, ob Du diese zwei Gedanken: *Wahrheit* und *Bildung*, mit einer solchen Heiligkeit denken kannst, als ich — Das freilich, würde doch nötig sein, wenn Du den Verfolg dieser Geschichte meiner Seele verstehen willst. Mir waren sie so heilig, daß ich diesen beiden Zwecken, Wahrheit zu sammeln, und Bildung mir zu erwerben, die *kostbarsten* Opfer brachte — Du kennst sie. — Doch ich muß mich kurz fassen.

Vor kurzem ward ich mit der neueren sogenannten Kantischen Philosophie bekannt — und Dir muß ich jetzt daraus einen Gedanken mitteilen, indem ich nicht fürchten darf, daß er Dich so tief, so schmerzhaft erschüttern wird, als mich. Auch kennst Du das Ganze nicht hinlänglich, um sein Interesse vollständig zu begreifen. Ich will indessen so deutlich sprechen, als möglich.

Wenn alle Menschen statt der Augen grüne Gläser hätten, so würden sie urteilen müssen, die Gegenstände, welche sie dadurch erblicken, *sind* grün — und nie würden sie entscheiden können, ob ihr Auge ihnen die Dinge zeigt, wie sie sind, oder ob es nicht etwas zu ihnen hinzutut, was nicht ihnen, sondern dem Auge gehört. So ist es mit dem Verstande. Wir können nicht entscheiden, ob das, was wir Wahrheit nennen, wahrhaft Wahrheit ist, oder ob es uns nur so scheint. Ist das letzte, so *ist* die Wahrheit, die wir hier sammeln, nach dem Tode nicht mehr — und alles Bestreben, ein Eigentum, sich zu erwerben, das uns auch in das Grab folgt, ist vergeblich —

Ach, Wilhelmine, wenn die Spitze dieses Gedankens Dein Herz nicht trifft, so lächle nicht über einen andern, der sich tief in seinem heiligsten Innern davon verwundet fühlt. Mein einziges, mein höchstes Ziel ist gesunken, und ich habe nun keines mehr —

Seit diese Überzeugung, nämlich, daß hienieden keine Wahrheit zu finden ist, vor meine Seele trat, habe ich nicht wieder ein Buch angerührt. Ich bin untätig in meinem Zimmer umhergegangen, ich habe mich an das offne Fenster gesetzt, ich bin hin-

---

2. *die Bildung* education; *Bildung* suggests a person's whole cultural and intellectual development and transcends mere impersonal knowledge. 17. *sein Interesse* referring back to *Gedanke* 37. *(ein Buch, etc.) anrühren* to touch (a book, etc.)

ausgelaufen ins Freie, eine innerliche Unruhe trieb mich zuletzt in Tabagien und Kaffeehäuser, ich habe Schauspiele und Konzerte besucht, um mich zu betäuben, eine Torheit begangen, die Dir Carl lieber erzählen mag, als ich; und dennoch war der einzige Gedanke, den meine Seele in diesem äußeren Tumulte mit glühender Angst bearbeitete, immer nur dieser; dein *einziges*, dein *höchstes* Ziel ist gesunken—

Here follows Friedrich Nietzsche's comment on Kleist's "Kant Crisis," contained in his essay "Schopenhauer als Erzieher," 1874.

Sobald aber Kant anfangen sollte, eine populäre Wirkung auszuüben, so werden wir diese in der Form eines zernagenden und zerbröckelnden Skeptizismus und Relativismus gewahr werden; und nur bei den tätigsten und edelsten Geistern, die es niemals im Zweifel ausgehalten haben, würde an seiner Stelle jene Erschütterung und Verzweiflung an aller Wahrheit eintreten, wie sie zum Beispiel Heinrich von Kleist als Wirkung der Kantischen Philosophie erlebte. [. . .] Ja, wann werden wieder die Menschen dergestalt Kleistisch-natürlich empfinden, wann lernen sie den Sinn einer Philosophie erst wieder an ihrem ,,heiligsten Innern" messen?

Kleist's farewell letter to *Marie von Kleist*, a cousin and devoted friend many years his senior, written a few hours before his death on November 21, 1811.

[Stimmings »Krug« bei Potsdam, den 21. Nov. 1811]

Meine liebste Marie, wenn Du wüßtest, wie der Tod und die Liebe sich abwechseln, um diese letzten Augenblicke meines Lebens mit Blumen, himmlischen und irdischen, zu bekränzen, gewiß Du würdest mich gern sterben lassen. Ach, ich versichre Dich, ich bin ganz selig. Morgens und abends knie ich nieder, was ich nie gekonnt habe, und bete zu Gott; ich kann ihm mein Leben, das allerqualvollste, das je ein Mensch geführt hat, jetzo

2. *die Tabagien*, pl. from *der Tabak* = tobacco. Tobacco-houses, where men gathered to smoke and talk; a popular 18th century institution   4. Carl von Zenge (1777-1802) the brother of Wilhelmine, who lived in Berlin with Kleist in 1801. The "foolishness" Kleist refers to has remained a mystery. 13. *die Geister* here: minds 15. *ein-treten* here: to occur 24. *der "Krug"* = pitcher here: name of a tavern 31. *das allerqualvollste* the most tormenting *jetzo = jetzt*

danken, weil er es mir durch den herrlichsten und wollüstigsten aller Tode vergütigt. Ach, könnt ich nur etwas für Dich tun, das den herben Schmerz, den ich Dir verursachen werde, mildern könnte! Auf einen Augenblick war es mein Wille mich malen zu lassen, aber alsdann glaubte ich wieder zuviel Unrecht gegen Dich zu haben, als daß mir erlaubt sein könnte vorauszusetzen, mein Bild würde Dir viel Freude machen, kann es Dich trösten, wenn ich Dir sage, daß ich diese Freundin niemals gegen Dich vertauscht haben würde, wenn sie weiter nichts gewollt hätte, als mit mir leben? Gewiß, meine liebste Marie, so ist es; es hat Augenblicke gegeben, wo ich meiner lieben Freundin, offenherzig, diese Worte gesagt habe. Ach, ich versichre Dich, ich habe Dich so lieb, Du bist mir so überaus teuer und wert, daß ich kaum sagen kann, ich liebe diese liebe vergötterte Freundin mehr als Dich. Der Entschluß, der in ihrer Seele aufging, mit mir zu sterben, zog mich, ich kann Dir nicht sagen, mit welcher unaussprechlichen und unwiderstehlichen Gewalt, an ihre Brust; erinnerst Du Dich wohl, daß ich Dich mehrmals gefragt habe, ob Du mit mir sterben willst? — Aber Du sagtest immer nein — Ein Strudel von nie empfundner Seligkeit hat mich ergriffen, und ich kann Dir nicht leugnen, daß mir ihr Grab lieber ist als die Betten aller Kaiserinnen der Welt. — Ach, meine teure Freundin, möchte Dich Gott bald abrufen in jene bessere Welt, wo wir uns alle, mit der Liebe der Engel, einander werden ans Herz drücken können. — Adieu.

Über das Marionettentheater

Als ich den Winter 1801 in M . . . zubrachte, traf ich daselbst eines Abends, in einem öffentlichen Garten, den Herrn C. an, der seit kurzem, in dieser Stadt, als erster Tänzer der Oper, angestellt war,
5 und bei dem Publiko außerordentliches Glück machte.

Ich sagte ihm, daß ich erstaunt gewesen wäre, ihn schon mehrere Mal in einem Marionettentheater zu finden, das auf dem Markte zusammengezimmert worden war, und den Pöbel, durch kleine dramatische Burlesken, mit Gesang und Tanz durchwebt, belustigte.

10 Er versicherte mir, daß ihm die Pantomimik dieser Puppen viel Vergnügen machte, und ließ nicht undeutlich merken, daß ein Tänzer, der sich ausbilden wolle, mancherlei von ihnen lernen könne.

Da die Äußerung mir, durch die Art, wie er sie vorbrachte, mehr,
15 als ein bloßer Einfall schien, so ließ ich mich bei ihm nieder, um ihn über die Gründe, auf die er eine so sonderbare Behauptung stützen könne, näher zu vernehmen.

Er fragte mich, ob ich nicht, in der Tat, einige Bewegungen der Puppen, besonders der kleineren, im Tanz sehr graziös gefunden
20 hatte.

Diesen Umstand konnt ich nicht leugnen. Eine Gruppe von vier Bauern, die nach einem raschen Takt die Ronde tanzte, hätte von Tenier nicht hübscher gemalt werden können.

Ich erkundigte mich nach dem Mechanismus dieser Figuren, und
25 wie es möglich wäre, die einzelnen Glieder derselben und ihre Punkte, ohne Myriaden von Fäden an den Fingern zu haben, so zu regieren, als es der Rhythmus der Bewegungen, oder der Tanz, erfordere?

Er antwortete, daß ich mir nicht vorstellen müsse, als ob jedes
30 Glied einzeln, während der verschiedenen Momente des Tanzes, von dem Maschinisten gestellt und gezogen würde.

Jede Bewegung, sagte er, hätte einen Schwerpunkt; es wäre genug, diesen, in dem Innern der Figur, zu regieren; die Glieder, welche nichts als Pendel wären, folgten, ohne irgend ein Zutun, auf
35 eine mechanische Weise von selbst.

Er setzte hinzu, daß diese Bewegung sehr einfach wäre; daß jedesmal, wenn der Schwerpunkt in einer *graden Linie* bewegt wird,

---

4. *seit kurzem* recently 5. *bei dem Publiko* (old Latin ending) = *bei dem Publikum* 8. *zusammen-zimmern* to hammer together *der Pöbel* here: populace 18. *(jemanden) vernehmen* here: to hear (s.o.) out 23. Teniers, David (the elder, 1582-1649; the younger, 1610-90) Flemish painters. The reference could be to either since Teniers the elder's little scenes of peasant life are sometimes confused with the brownish, early works of his more famous son. [Kleist left out the "s" in the name] 34. *ohne irgend ein Zutun* without further ado

---

74

die Glieder schon *Kurven* beschrieben; und daß oft, auf eine bloß zufällige Weise erschüttert, das Ganze schon in eine Art von rhythmische Bewegung käme, die dem Tanz ähnlich wäre.

Diese Bemerkung schien mir zuerst einiges Licht über das Vergnügen zu werfen, das er in dem Theater der Marionetten zu finden vorgegeben hatte. Inzwischen ahndete ich bei weitem die Folgerungen noch nicht, die er späterhin daraus ziehen würde.

Ich fragte ihn, ob er glaubte, daß der Maschinist, der diese Puppen regierte, selbst ein Tänzer sein, oder wenigstens einen Begriff vom Schönen im Tanz haben müsse?

Er erwiderte, daß wenn ein Geschäft, von seiner mechanischen Seite, leicht sei, daraus noch nicht folge, daß es ganz ohne Empfindung betrieben werden könne.

Die Linie, die der Schwerpunkt zu beschreiben hat, wäre zwar sehr einfach, und, wie er glaube, in den meisten Fällen, gerad. In Fällen, wo sie krumm sei, scheine das Gesetz ihrer Krümmung wenigstens von der ersten oder höchstens zweiten Ordnung; und auch in diesem letzten Fall nur elliptisch, welche Form der Bewegung den Spitzen des menschlichen Körpers (wegen der Gelenke) überhaupt die natürliche sei, und also dem Maschinisten keine große Kunst koste, zu verzeichnen.

Dagegen wäre diese Linie wieder, von einer andern Seite, etwas sehr Geheimnisvolles. Denn sie wäre nichts anders, als der *Weg der Seele des Tänzers*; und er zweifle, daß sie anders gefunden werden könne, als dadurch, daß sich der Maschinist in den Schwerpunkt der Marionette versetzt, d. h. mit andern Worten, *tanzt*.

Ich erwiderte, daß man mir das Geschäft desselben als etwas ziemlich Geistloses vorgestellt hätte: etwa was das Drehen einer Kurbel sei, die eine Leier spielt.

Keineswegs, antwortete er. Vielmehr verhalten sich die Bewegungen seiner Finger zur Bewegung der daran befestigten Puppen ziemlich künstlich, etwa wie Zahlen zu ihren Logarithmen oder die Asymptote zur Hyperbel.

Inzwischen glaube er, daß auch dieser letzte Bruch von Geist, von dem er gesprochen, aus den Marionetten entfernt werden, daß ihr Tanz gänzlich ins Reich mechanischer Kräfte hinübergespielt, und vermittelst einer Kurbel, so wie ich es mir gedacht, hervorgebracht werden könne.

---

1. *beschreiben* here: to sweep out   6. *ahnden = ahnen* to surmise, anticipate   17. *die Ordnung* here: power (mathematics)   27. *desselben* refers back to *der Maschinist* 34. *dieser letzte Bruch von Geist* this last bit of mental activity   36. *hinüber-spielen* here: to transfer

Ich äußerte meine Verwunderung zu sehen, welcher Aufmerksamkeit er diese, für den Haufen erfundene, Spielart einer schönen Kunst würdige. Nicht bloß, daß er sie einer höheren Entwickelung für fähig halte: er scheine sich sogar selbst damit zu beschäftigen.

Er lächelte, und sagte, er getraue sich zu behaupten, daß wenn ihm ein Mechanikus, nach den Forderungen, die er an ihn zu machen dächte, eine Marionette bauen wollte, er vermittelst derselben einen Tanz darstellen würde, den weder er, noch irgend ein anderer geschickter Tänzer seiner Zeit, Vestris selbst nicht ausgenommen, zu erreichen imstande wäre.

Haben Sie, fragte er, da ich den Blick schweigend zur Erde schlug: haben Sie von jenen mechanischen Beinen gehört, welche englische Künstler für Unglückliche verfertigen, die ihre Schenkel verloren haben?

Ich sagte, nein: dergleichen wäre mir nie vor Augen gekommen.

Es tut mir leid, erwiderte er; denn wenn ich Ihnen sage, daß diese Unglücklichen damit tanzen, so fürchte ich fast, Sie werden es mir nicht glauben. — Was sag ich, tanzen? Der Kreis ihrer Bewegungen ist zwar beschränkt; doch diejenigen, die ihnen zu Gebote stehen, vollziehen sich mit einer Ruhe, Leichtigkeit und Anmut, die jedes denkende Gemüt in Erstaunen setzen.

Ich äußerte, scherzend, daß er ja, auf diese Weise, seinen Mann gefunden habe. Denn derjenige Künstler, der einen so merkwürdigen Schenkel zu bauen imstande sei, würde ihm unzweifelhaft auch eine ganze Marionette, seinen Forderungen gemäß, zusammensetzen können.

Wie, fragte ich, da er seinerseits ein wenig betreten zur Erde sah: wie sind denn diese Forderungen, die Sie an die Kunstfertigkeit desselben zu machen gedenken, bestellt?

Nichts, antwortete er, was sich nicht auch schon hier fände; Ebenmaß, Beweglichkeit, Leichtigkeit — nur alles in einem höheren Grade; und besonders eine naturgemäßere Anordnung der Schwerpunkte.

Und der Vorteil, den diese Puppe vor lebendigen Tänzern voraus haben würde?

Der Vorteil? Zuvörderst ein negativer, mein vortrefflicher Freund, nämlich dieser, daß sie sich niemals *zierte.* — Denn Ziererei erscheint, wie Sie wissen, wenn sich die Seele (vis motrix) in irgend

---

2. *der Haufen* here: the masses (people) *die Spielart* here: entertainment 3. *die Entwickelung = die Entwicklung* 6. *der Mechanikus = der Mechaniker* mechanic 9. Vestris well-known ballet-dancer of Kleist's time 15. *dergleichen* that sort of thing 19. *zu Gebote stehen* to be available, at one's command 29. *bestellt sein* here: to be like 38. *vis motrix* (Latin) motor force

einem andern Punkte befindet, als in dem Schwerpunkt der Bewegung. Da der Maschinist nun schlechthin, vermittelst des Drahtes oder Fadens, keinen andern Punkt in seiner Gewalt hat, als diesen: so sind alle übrigen Glieder, was sie sein sollen, tot, reine Pendel, und folgen dem bloßen Gesetz der Schwere; eine vortreffliche Eigenschaft, die man vergebens bei dem größesten Teil unsrer Tänzer sucht.

Sehen Sie nur die P . . . an, fuhr er fort, wenn sie die Daphne spielt, und sich, verfolgt vom Apoll, nach ihm umsieht; die Seele sitze ihr in den Wirbeln des Kreuzes; sie beugt sich, als ob sie brechen wollte, wie eine Najade aus der Schule Bernins. Sehen Sie den jungen F . . . an, wenn er, als Paris, unter den drei Göttinnen steht, und der Venus den Apfel überreicht: die Seele sitzt ihm gar (es ist ein Schrecken, es zu sehen) im Ellenbogen.

Solche Mißgriffe, setzte er abbrechend hinzu, sind unvermeidlich, seitdem wir von dem Baum der Erkenntnis gegessen haben. Doch das Paradies ist verriegelt und der Cherub hinter uns; wir müssen die Reise um die Welt machen, und sehen, ob es vielleicht von hinten irgendwo wieder offen ist.

Ich lachte. — Allerdings, dachte ich, kann der Geist nicht irren, da, wo keiner vorhanden ist. Doch ich bemerkte, daß er noch mehr auf dem Herzen hatte, und bat ihn, fortzufahren.

Zudem, sprach er, haben diese Puppen den Vorteil, daß sie *antigrav* sind. Von der Trägheit der Materie, dieser dem Tanze entgegenstrebendsten aller Eigenschaften, wissen sie nichts: weil die Kraft, die sie in die Lüfte erhebt, größer ist, als jene, die sie an der Erde fesselt. Was würde unsre gute G . . . darum geben, wenn sie sechzig Pfund leichter wäre, oder ein Gewicht von dieser Größe ihr bei ihren Entrechats und Pirouetten, zu Hülfe käme? Die Puppen brauchen den Boden nur, wie die Elfen, um ihn zu *streifen*, und den Schwung der Glieder, durch die augenblickliche Hemmung neu zu beleben; wir brauchen ihn, um darauf zu *ruhen*, und uns von der Anstrengung des Tanzes zu erholen: ein Moment, der offenbar selber kein Tanz ist, und mit dem sich weiter nichts anfangen läßt, als ihn möglichst verschwinden zu machen.

Ich sagte, daß, so geschickt er auch die Sache seiner Paradoxe führe, er mich doch nimmermehr glauben machen würde, daß in einem mechanischen Gliedermann mehr Anmut enthalten sein könne, als in dem Bau des menschlichen Körpers.

8. *Daphne* in Greek myth, a nymph who attracted the love of Apollo 9. *Apoll = Apollo*
11. *die Najade* naiad; naiads in Greek myth are nymphs of wells, mountains, and the sea.
Bernin = Giovanni Lorenzo Bernini (1598-1680), Italian baroque sculptor and architect
12. Paris here: the hero of Greek legend 17. Cherub (pl.: Cherubim) in old Jewish myth, a kind of angel attendant upon God. Here: the angel guarding the gates of Paradise.
24. *antigrav* not subject to the force of gravity 29. *Entrechats und Pirouetten* ballet figures 38. *der Gliedermann = die Marionette*

Er versetzte, daß es dem Menschen schlechthin unmöglich wäre, den Gliedermann darin auch nur zu erreichen. Nur ein Gott könne sich, auf diesem Felde, mit der Materie messen; und hier sei der Punkt, wo die beiden Enden der ringförmigen Welt in einander griffen.

Ich erstaunte immer mehr, und wußte nicht, was ich zu so sonderbaren Behauptungen sagen sollte.

Es scheine, versetzte er, indem er eine Prise Tabak nahm, daß ich das dritte Kapitel vom ersten Buch Moses nicht mit Aufmerksamkeit gelesen; und wer diese erste Periode aller menschlichen Bildung nicht kennt, mit dem könne man nicht füglich über die folgenden, um wie viel weniger über die letzte, sprechen.

Ich sagte, daß ich gar wohl wüßte, welche Unordnungen, in der natürlichen Grazie des Menschen, das Bewußtsein anrichtet. Ein junger Mann von meiner Bekanntschaft hätte, durch eine bloße Bemerkung, gleichsam vor meinen Augen, seine Unschuld verloren, und das Paradies derselben, trotz aller ersinnlichen Bemühungen, nachher niemals wieder gefunden.—Doch, welche Folgerungen, setzte ich hinzu, können Sie daraus ziehen?

Er fragte mich, welch einen Vorfall ich meine?

Ich badete mich, erzählte ich, vor etwa drei Jahren, mit einem jungen Mann, über dessen Bildung damals eine wunderbare Anmut verbreitet war. Er mochte ohngefähr in seinem sechszehnten Jahre stehn, und nur ganz von fern ließen sich, von der Gunst der Frauen herbeigerufen, die ersten Spuren von Eitelkeit erblicken. Es traf sich, daß wir grade kurz zuvor in Paris den Jüngling gesehen hatten, der sich einen Splitter aus dem Fuße zieht; der Abguß der Statue ist bekannt und befindet sich in den meisten deutschen Sammlungen. Ein Blick, den er in dem Augenblick, da er den Fuß auf den Schemel setzte, um ihn abzutrocknen, in einen großen Spiegel warf, erinnerte ihn daran; er lächelte und sagte mir, welch eine Entdeckung er gemacht habe. In der Tat hatte ich, in eben diesem Augenblick, dieselbe gemacht; doch sei es, um die Sicherheit der Grazie, die ihm beiwohnte, zu prüfen, sei es, um seiner Eitelkeit ein wenig heilsam zu begegnen: ich lachte und erwiderte—er sähe wohl Geister! Er errötete, und hob den Fuß zum zweitenmal, um es mir zu zeigen; doch der Versuch, wie sich leicht hätte voraussehn lassen, mißglückte. Er hob verwirrt den Fuß zum dritten und vierten, er hob

9. reference to the Garden of Eden myth 14. *Unordnung an-richten* to cause disorder 17. *derselben* refers to *Unschuld* 21. *sich baden* here: to go swimming 22. *die Bildung* here: figure, physical appearance 23. ohngefähr = ungefähr 27. the reference is to a well-known ancient sculpture of a young man extracting a thorn from his foot. 34. *bei-wohnen* here: to dwell in

ihn wohl noch zehnmal: umsonst! er war außerstand, dieselbe Bewegung wieder hervorzubringen—was sag ich? die Bewegungen, die er machte, hatten ein so komisches Element, daß ich Mühe hatte, das Gelächter zurückzuhalten:—

Von diesem Tage, gleichsam von diesem Augenblick an, ging eine unbegreifliche Veränderung mit dem jungen Menschen vor. Er fing an, tagelang vor dem Spiegel zu stehen; und immer ein Reiz nach dem anderen verließ ihn. Eine unsichtbare und unbegreifliche Gewalt schien sich, wie ein eisernes Netz, um das freie Spiel seiner Gebärden zu legen, und als ein Jahr verflossen war, war keine Spur mehr von der Lieblichkeit in ihm zu entdecken, die die Augen der Menschen sonst, die ihn umringten, ergötzt hatte. Noch jetzt lebt jemand, der ein Zeuge jenes sonderbaren und unglücklichen Vorfalls war, und ihn, Wort für Wort, wie ich ihn erzählt, bestätigen könnte.—

Bei dieser Gelegenheit, sagte Herr C . . . freundlich, muß ich Ihnen eine andere Geschichte erzählen, von der Sie leicht begreifen werden, wie sie hierher gehört.

Ich befand mich, auf meiner Reise nach Rußland, auf einem Landgut des Herrn v. G . . ., eines livländischen Edelmanns, dessen Söhne sich eben damals stark im Fechten übten. Besonders der ältere, der eben von der Universität zurückgekommen war, machte den Virtuosen, und bot mir, da ich eines Morgens auf seinem Zimmer war, ein Rapier an. Wir fochten; doch es traf sich, daß ich ihm überlegen war; Leidenschaft kam dazu, ihn zu verwirren; fast jeder Stoß, den ich führte, traf, und sein Rapier flog zuletzt in den Winkel. Halb scherzend, halb empfindlich, sagte er, indem er das Rapier aufhob, daß er seinen Meister gefunden habe: doch alles auf der Welt finde den seinen, und fortan wolle er mich zu dem meinigen führen. Die Brüder lachten laut auf, und riefen: Fort! fort! In den Holzstall herab! und damit nahmen sie mich bei der Hand und führten mich zu einem Bären, den Herr v. G . . ., ihr Vater, auf dem Hofe auferziehen ließ.

Der Bär stand, als ich erstaunt vor ihn trat, auf den Hinterfüßen, mit dem Rücken an einem Pfahl gelehnt, an welchem er angeschlossen war, die rechte Tatze schlagfertig erhoben, und sah mir ins Auge: das war seine Fechterpositur. Ich wußte nicht, ob ich träumte, da ich mich einem solchen Gegner gegenüber sah; doch: stoßen Sie!

7. *der Reiz* here: charm 20. *livländisch* adjective referring to Livland, a region situated on the borderline of Lithuania and Estonia 27. *empfindlich* here: irked 33. *auferziehen* to raise, train 37. *die Fechterpositur* fencing stance

stoßen Sie! sagte Herr v. G . . ., und versuchen Sie, ob Sie ihm eins beibringen können! Ich fiel, da ich mich ein wenig von meinem Erstaunen erholt hatte, mit dem Rapier auf ihn aus; der Bär machte eine ganz kurze Bewegung mit der Tatze und parierte den Stoß. Ich

5 versuchte ihn durch Finten zu verführen; der Bär rührte sich nicht. Ich fiel wieder, mit einer augenblicklichen Gewandtheit, auf ihn aus, eines Menschen Brust würde ich ohnfehlbar getroffen haben: der Bär machte eine ganz kurze Bewegung mit der Tatze und parierte den Stoß. Jetzt war ich fast in dem Fall des jungen Herrn v.

10 G . . ., Der Ernst des Bären kam hinzu, mir die Fassung zu rauben, Stöße und Finten wechselten sich, mir triefte der Schweiß: umsonst! Nicht bloß, daß der Bär, wie der erste Fechter der Welt, alle meine Stöße parierte; auf Finten (was ihm kein Fechter der Welt nach-macht) ging er gar nicht einmal ein: Aug in Auge, als ob er meine

15 Seele darin lesen könnte, stand er, die Tatze schlagfertig erhoben, und wenn meine Stöße nicht ernsthaft gemeint waren, so rührte er sich nicht.

Glauben Sie diese Geschichte?

Vollkommen! rief ich, mit freudigem Beifall; jedwedem

20 Fremden, so wahrscheinlich ist sie: um wie viel mehr Ihnen!

Nun, mein vortrefflicher Freund, sagte Herr C . . ., so sind Sie im Besitz von allem, was nötig ist, um mich zu begreifen. Wir sehen, daß in dem Maße, als, in der organischen Welt, die Reflexion dunkler und schwächer wird, die Grazie darin immer strahlender

25 und herrschender hervortritt. — Doch so, wie sich der Durchschnitt zweier Linien, auf der einen Seite eines Punkts, nach dem Durchgang durch das Unendliche, plötzlich wieder auf der andern Seite einfindet, oder das Bild des Hohlspiegels, nachdem es sich in das Unendliche entfernt hat, plötzlich wieder dicht vor uns tritt: so

30 findet sich auch, wenn die Erkenntnis gleichsam durch ein Unendliches gegangen ist, die Grazie wieder ein; so, daß sie, zu gleicher Zeit, in demjenigen menschlichen Körperbau am reinsten erscheint, der entweder gar keins, oder ein unendliches Bewußtsein hat, d. h. in dem Gliedermann, oder in dem Gott.

35 Mithin, sagte ich ein wenig zerstreut, müßten wir wieder von dem Baum der Erkenntnis essen, um in den Stand der Unschuld zurück-zufallen?

Allerdings, antwortete er; das ist das letzte Kapitel von der Geschichte der Welt. H. v. K.

---

2. *(eins) bei-bringen* here: to deal (a blow) 3. *aus-fallen auf* (acc.) to lunge at 5. *die Finte* feint (fencing) 7. *ohnfehlbar = unfehlbar* 10. *die Fassung rauben* to rattle; to destroy s.o.'s composure 25. *der Durchschnitt* here: intersection 28. *der Hohlspiegel* concave mirror

Vocabulary

The vocabulary contains all the words and expressions occurring in the text with the following exceptions:
1. Basic vocabulary listed in *Grundwortschatz Deutsch*, compiled by Heinz Oehler, Ernst Klett Verlag, Stuttgart 1966.
2. Compounds whose parts are listed separately in *Grundwortschatz Deutsch*, e.g. *Schlüssel-loch*.
3. Nouns derived from listed verbs or adjectives and retaining the same basic meaning, e.g. *auf-fordern > die Aufforderung*; *grausam > die Grausamkeit*.

The vowel changes of strong verbs and separable prefixes; the genitive singular and plural of nouns, are given in the usual manner. but the plural of feminine nouns is indicated only where it ends in *-e*.

Abbreviations used: s.o.   someone
                           s.th. something
                           pl.   plural
                           obs.   obsolete

A

ab-bestellen to cancel
ab-brechen, (i), a, o to break off
ab-danken to dismiss
ab-drücken to discharge, pull the trigger
das **Abendbrot, -(e)s** supper
das **Abendmahl, -(e)s** holy communion
ab-führen to lead off
abgeschieden dead, departed
ab-gewinnen, a, o to pry away
der **Abguß, -sses, -̈sse** cast
ab-halten, (ä), ie, a to prevent
sich **ab-kälten** to get cold
ab-laufen, (äu), ie, au to end, turn out
ab-lehnen to refuse
ab-lenken to avert, distract
ab-leugnen to deny
ab-rufen, ie, u to call away
die **Abscheu** abhorrence
abscheulich vile, abhorrent, dreadful
ab-schnallen to unbuckle
ab-schrecken to frighten away
sich **ab-spielen** to unfold, happen
ab-stehen, a, a von to desist from
sich **ab-wechseln** to alternate
abwesend absent
die **Abwesenheit** absence
ab-ziehen, o, o to go away, escape

die **Acht** attention;
    in ____ nehmen vor (dat.) to be on one's guard; pay attention to
achten auf (acc.) to pay attention to
ächzen to sigh
ahnen to surmise
alsdann then, at such time
anbetreffend (acc.) concerning
an-brechen, (i), a, o to dawn
der **Anbruch -(e)s** beginning;
    bei ____ des Tages day break
sich **an-eignen** to appropriate to oneself; adopt
an-fallen, ie, a to attack
an-fangen, (ä), i, a to do with
an-flehen to implore
an-fressen, (i), a, e to eat into
an-führen to lead, command (troops)
angeben, (i), a, e indicate
an-gehen, i, a to address S. O.
der/die **Angehörige, -n, -n** relatives, next of kin
angesteckt infected
an-greifen, i, i to exhaust, attack
angrenzend adjacent
an-halten, (ä),ie, a um (acc.) to ask for s. o.'s hand

anheim-fallen, (ä) ie, a to fall to s. o.'s share, revert to s. o.

an-kommen, a,o, auf (acc.) to depend on

an-kündigen to announce

an-loben to promise

die Anmut charm, grace

an-ordnen to arrange, group, design

an-richten to cause

an-rücken to advance

an-rühren to touch

an-sagen to announce

sich an-schicken to start, be about (to do s.th.)

der Anschlag, -(e)s, ⁼e plot, scheme

das Ansehen, -s appearance

ansehnlich considerable

an-setzen to apply

an-spannen to harness (horses); _____ lassen to call for one's carriage

der Anspruch, -(e)s, ⁼e claim

die Anstalten, pl. preparations

an-starren to stare at

an-stecken to light (up), set fire to; to infect

anstößig repellent

die Anstrengung effort, struggle

der Anteil, -e(s), e part

das Antlitz, -es, -e face

der Antrag, -(e)s, ⁼e offer, proposal (of marriage)

an-treten, (i), a, e to start out

an-tun, a, to inflict

an-vertrauen to confide, entrust

an-wandeln to befall

an-weisen, ie, ie to order, assign

der, die Anwesende, -n, -n bystander

an-zetteln to plot, scheme

die Arglist cunning

arretieren to arrest

die Artigkeit civility

auf-brechen, (i), a, o to run off, depart

auf-fallen, (ä), ie, a to astonish, be conspicuous

auf-fordern to incite, encourage, order

auf-führen to enumerate

auf-geben, (i), a, e to order, ask

aufgestützt propped up

auf-greifen, i, i to pick up

auf-horchen to prick up one's ears

auf-knacken to crack open

auf-lauern (dat.) to ambush

auf-lodern to flare up

auf-muntern to encourage, urge

auf-opfern to devote, sacrifice

die Aufrechterhaltung maintenance, upholding

sich auf-richten to sit up (in bed) etc.

der Aufruhr, -(e)s, -e revolt

auf-schlagen u, a/ä make; set up (bed), raise; die Augen _____ to lift, open one's eyes

das Aufsehen, -s sensation; _____ machen to create a sensation

der Aufseher, -s, - supervisor

auf-setzen to compose

die Aufsicht custody; unter _____ (gen. or von + dat.) in the custody of

auf-stapeln to stack up

die Aufstellung arrangement

aufstrebend aspiring

auf-suchen to hunt out

auf-tragen, (ä), u, a to order, enjoin

auf-treiben, ie, ie to hunt for, round up

der Auftritt, -s, -e scene

der Aufzug, -(e)s costume, accouterment

die Augenwimpern pl./f eye lashes

aus-brechen, (i), a, o to break out

aus-breiten to spread

aus-brüten to hatch

aus-fragen to interrogate, question

ausgebreitet extensive

ausgenommen except(ed)

aus-glitschen to slip

aus-hauchen to breathe out

aus-lachen (acc.) to laugh at s. o.

aus-machen to make up, amount to

ausnehmend extraordinary

aus-plündern to rob, ransack

aus-putzen to dress up

aus-richten to accomplish, succeed in s. th.

aus-schlagen, (ä), u, a to refuse

außerordentlich extraordinary

außerstande: _____ sein to be unable

aus-setzen to put out, display, expose; etwas an jemandem _____ to find fault with s. o.

die Aussöhnung reconciliation

die Ausstattung trousseau, equipment

aus-stellen to expose (for viewing)

aus-strecken to hold; die Hände _____ to hold out one's hands

äußern to express

äußerordentlich extraordinary

die Äußerung remark, utterance

aus-weichen, i, i to dodge

aus-weinen to finish crying
aus-wirken to effect, bring about
aus-ziehen, o, o to set out
die Axt, -, ⁼e ax

B
der Balken, -s, - beam
der Bär, -en, -en bear
beben to tremble
bedauernswürdig regrettable
die Bedeckung guard, escourt
sich bedenken, a, a to reflect, deliberate
bedenklich serious, critical
der Bediente, -n, -n (man) servant
bedrängt hard-pressed
bedürfen, u, u (gen.) to need
bedürftig: ___ sein (gen.) to be in need
of
sich beeifern to strain (for), to be eager
die Beeiferung (obs.) haste
befestigen to solidify; attach
sich befinden, a, u to be found (in a
place); feel
befindlich: ___ sein to live (in)
befreien to free
das Befremden, -s surprise
befremdend strange, odd
befriedigen to satisfy
sich begeben, (i), a, e to proceed, betake
oneself, leave
die Begebenheit occurrence, happening
begehen, i, a to perpetrate
begehren to request
die Begierde desire, eagerness
sich begnügen to content oneself
begraben, u, a to bury
das Begräbnis, -ses, -se burial, funeral
begreifen, i, i to comprehend
begreiflich understandable
der Begriff: im ___ sein to be about to
begünstigen to favor
beherbergen to shelter, lodge
behilflich helpful
behufs (gen.) concerning
die Beichte confession
der Beifall applause, consent
bei-kommen, a, o (dat.) to get at
bei-legen to give, confer
die Beischläferin mistress, concubine
bei-setzen to lay at rest
bei-springen, a, u (dat.) to help, assist
rush to s. o.'s aid
bei-stehen, a, a to help

bei-tragen, (ä) u, a to contribute
bejahrt old
die Bekämpfung fight (against)
die Bekanntschaft acquaintance
beklommen uneasy
bekränzen to wreathe, festoon
belagern to besiege
belästigen to bother
belauschen (acc.) to eavesdrop on
beleben to animate
bellen to bark
die Belohnung reward
sich bemächtigen (gen.) to seize,
overpower
bemänteln to cover up
bemeistern to conquer, subdue
bemittelt prosperous
die Bemühung effort, attempt
benachbart neighboring
sich beratschlagen to confer, discuss
die Bereitschaft readiness;
in ___ sein to stand ready
die Bergschlucht gulch, mountain glen
sich berufen, ie, u, auf (acc.) to refer to,
plead
beruhigen to calm
die Beruhigung calming, appeasement,
relief
sich beschädigen to injure oneself
beschämen to humiliate
beschatten to shade
beschleunigen to accelerate
beschränken to limit, restrict
beschreiben, ie, ie to describe, plot out
beschützen to protect
die Beschwerde grievance
beschweren to weigh down
die Besetzung occupation
sich besinnen, a, o to reflect
die Besinnung reflection, pause
besinnungslos heedless
die Besorgnis apprehension, concern
bestätigen to confirm
bestrahlen illuminate
sich bestreben to endeavor
bestürmen to assail
bestürzt dismayed, alarmed
sich betäuben to deaden; to divert oneself
beten to pray
beteuern to swear, solemnly declare
beträchtlich considerable
das Betragen, -s behavior
betreiben, ie, ie to pursue

betreten perplexed, embarrassed
betroffen bewildered, stunned
betrübt saddened
der Betrug, -(e)s deceit, trickery
betteln to beg
betten to put s. o. to bed
sich beugen to bend over, lean out
die Beute prey, victim
bevorstehend imminent
bewachen to guard
bewaffnen to arm
bewegen, o, o to move, influence
bewerkstelligen to arrange, engineer
bewirten to entertain
bewußtlos unconscious
der Bezug -(e)s, ⁻e reference;
    in ____ auf (acc.) with reference to
bezwecken to aim, have as a purpose
das Billet, -s, -e note, ticket
blaß pale
die Blässe pallor
das Blei, -s lead (metal)
bleich pale
der Blutmensch, -en, -en bloodhound,
    (bloodthirsty person)
bohren to pierce
der Bösewicht, -(e)s, -e villain
die Bosheit meanness, wickedness
der Brand, -(e)s, ⁻e fire;
    in ____ stecken to set fire to
brauchbar usable, suited
die Braut, -, ⁻e bride; fiancée
das Brautgeschenk, -(e)s, -e wedding
present
der Bräutigam, -s, -e fiancé
die Brechstange crowbar
breiten to spread
der Bruch, -(e)s, ⁻e break, rift; fraction
brüten to brood
die Büberei villainy
die Büchse shotgun
sich bücken to stoop, bend over
das Bund, -(e)s, -e bunch (of keys)
der, die Bundbrüchige, -n, -n turncoat
bürgerlich bourgeois, philistine
der Busen, -s, - breast

C
die Caravine, -, n (obs.) decanter

D
dämmern to dawn
die Dankbarkeit gratitude

dar-bieten, o, o to present
darnieder-liegen, a, e to lie ill
daselbst in that very place
der Degen, -s, - sword
das Dekret, -(e)s, -e decree
das Denkmal, -(e)s, ⁻er monument
dergestalt in such a way
dergleichen such a thing
die Dienerschaft servants
der Dolch, -(e)s, -e dagger
duften to be redolent with
durchbohren to pierce through
durchhauen to slash
der Durchgang, -(e)s, ⁻e; passage way;
    beim ____ in passing through
durchhauen to slash
durchkreuzen to cross
durchspähen to peer into
durchweben to intersperse
durchzucken to flash through

E
das Ebenmaß, -es symmetry; proportion
edel noble, good
die Edelleute, - pl. nobility
(sing: der Edelmann, -es)
edelmütig gallant
ehemalig former
ehrgeizig ambitious
ehrwürdig venerable, worthy
der Eidschwur, -(e)s, ⁻e oath
die Eifersucht jealousy
eifrig earnest
der Eigennutz, -es selfishness
eilfertig hasty
die Einbildung imagination
der Einbruch, -(e)s; break, break-in;
    beim ____ der Dämmerung at dusk;
    beim ____ der Nacht at nightfall
ein-dringen, a, u to penetrate
der Einfall, -(e)s, ⁻e notion, sudden
inspiration
ein-fallen, (ä), ie, a to interrupt
ein-fangen, (ä), i, a to capture
sich ein-finden, a, u to appear, turn up
ein-flößen to inspire, infuse
eingedenk (gen.) mindful of,
remembering
eingefaßt walled, enclosed
eingefügt set into
ein-gehen, i, a auf (acc.) to enter upon,
respond
ein-händigen to hand over
ein-kehren to put up (at an inn)

ein-laufen, (äu), ie, au to arrive (news, etc.)
einnehmend attractive
ein-räumen to turn over
ein-richten to appoint (a room)
die Einquartierung quartering, billeting
einsam lonely, by itself
die Einsamkeit solitude
ein-saugen, o, o to inhale, suck in
die Einschiffung embarking
einschlagen, (ä), u, a; to pursue;
    einen Weg ___ to follow a path
ein-sehen, a, ie to recognize, gain insight
ein-setzen to appoint, set up
ein-sprengen to burst open
ein-stecken to put into (pocket)
einstmals at one time
ein-treffen, (i) a, o to arrive
das Einverständnis, -ses, -se agreement;
    im ___ sein mit to be in league with
ein-wickeln to wrap up
ein-willigen in (acc.) to agree to do
der Einwohner, -s, - inhabitant
der Einwurf, -(e)s, ˉe objection
ein-ziehen, o, o to gather (information),
collect
eisern (of) iron
die Eitelkeit vanity
elend miserable; base;
der Elende, -n, -n wretch
das Elend, -(e)s misery
elendiglich pitiful
elfenbeinern (made of) ivory
der Ellbogen, -s, - elbow
die Elle measuring unit, not quite 4/5
yard
sich empfehlen to take one's leave: to
recommend oneself
empfindlich sensitive
die Empfindlichkeit sensitiveness, chagrin
empören to anger, incense
empor-knittern to spread upwards (fire)
sich empor-richten to sit up
empört incensed, furious
die Empörung revolt
entblößen to bare
entdeckeln (obs.) to take off the lid
sich entfernen to go away
entfliehen, o, o to flee, escape
entgegen-streben to oppose
sich enthalten, (ä), ie, a (gen.) to restrain
oneself, refrain from
die Enthaltsamkeit abstinence
die Entkleidung (act of) undressing

entlarven to unmask
entreißen, i, i (dat.) to tear away from
entschlummern to fall asleep, doze off
das Entsetzen, -s terror, fright
entsetzlich horrifying, dreadful
entspringen, a, u to spring from
das Entsühnungsmittel, -s, - means of
atonement
entwaffnen to disarm
entwischen to escape
entwürdigen to disgrace
entziehen, o, o, to withdraw
entzückt delighted
entzünden to ignite
erbarmungslos pitiless
der Erbe, -n, -n heir
erbittern embitter
die Erbitterung bitterness, grimness
erblassen to pale
erfinden to invent
erfordern to require
die Erfrischung refreshment
sich ergeben, (i), a, e to surrender
die Ergebung submission, devotion
sich ergießen, o, o to pour over
die Ergießung stream, flow
ergötzen to delight
erhaben sublime
erharren to await
sich erheben, o, o to rise up; to be
emitted (of sound)
die Erkenntnis, -, -se knowledge
sich erkundigen to make inquiries
erkünstelt forced, affected
erlassen, (ä), ie, ie to issue
erleben to experience
erlösen to set free, redeem
die Ermangelung: in ___ (gen.) for want
of s. th. or s. o.
ermorden to kill, murder
ermuntern to encourage
erobern to capture, conquer
eröffnen to open up, draw back (curtain);
disclose, inform
erproben to test
erprüfen to find out, test
sich erquicken to refresh oneself
errichten to establish
erröten to blush
die Erschlaffung weakening, flagging
erschöpft exhausted
erschrecken, (i), a, o to feel afraid, be
startled; frighten (reg., weak)

erschüttern to move, affect s. o. deeply
die Erschütterung (violent) emotion, emotional upset
ersinnlich imaginable
erstarren to stiffen, freeze
erstehen, a, a to rally (from an illness)
erwägen, o, o to weigh, consider
die Erwartung expectation
erwecken to awaken
erweisen to render, show
erwerben, (i), a, o to acquire
erwidern to reply; reciprocate
erzwingen to force
der Essig, -s vinegar
etwaig possible
ewig eternal
der Exerziermeister, -s, - drillmaster

F
die Fackel torch
falls unless, if
färben to dye
die Fassung composure
fechten, (i), o, o to fight, fence
der Federhut, -(e)s, ⁻e plumed hat
feierlich solemn
der Fensterladen, -s, ⁻n shutter
fernerhin henceforth
fernher from afar
fesseln to tie up, shackle
fest-binden, a, u to tie down
die Festnahme arrest
fest-setzen to appoint, fix
feuern to fire
sich finden, a, u to become evident
die Finsternis darkness
die Finte feint
flechten to twist, weave;
    durch ____ to twist across
flehen to implore
die Flotte fleet
der Fluch, -(e)s, ⁻e curse, swear word
sich flüchten to flee
flüchtig fleeting
der Flüchtling, -s, -e refugee
der Flur, -(e)s, -e corridor, entrance hall
flüstern to whisper
die Flut, -, en water(s)
die Folgerung conclusion, consequence
die Forderung demand, insistence
förmlich virtual, formal
fortan from now on
die Frechheit impertinence, brazenness

das Freie open air;
    im ____n in the open country, air
freimütig frank, candid
der Fremdling, -s, -e stranger
der Frevel, -s, - outrage, misdeed
frohlocken to exult
der Frohsinn, -(e)s cheerfulness
sich fügen (dat.) to submit; comply with;
    es fügt sich it so happens
füglich conveniently
funkeln twinkle, sparkle

G
der Galgen, -s, - gallows
das Gallenfieber, -s, - bilious fever
der Gastfreund, -(e)s, -e; die Gastfreundin guest
das Gastrecht, -(e)s law(s) of hospitality
die Gattung race, species
die Gebärde gesture
das Gebein, -(e)s, -e bones, mortal remains
das Gebell, -(e)s barking
das Gebet, -(e)s, -e prayer
das Gebot, -(e)s, -e command;
    zu ____e stehen to be at one's command, in one's power
gebräuchlich common, usual
gebrechlich infirm, shaky
gedämpft muted
gedankenlos absent-minded
gedankenvoll thoughtful
die Gefälligkeit favor, service, courtesy
gefälligst most obligingly
die Gefangenschaft captivity
das Gefäß, -es, -e basin, vessel
das Gefolge, -s retinue, following;
    im ____ (gen.) in the wake of
die Gegenwehr defense
geheim secret
das Gehirn, -(e)s, -e brain
gehörig (dat.) belonging to
der Gehorsam, -s obedience
der Geier, -s, - vulture
die Geisel hostage
die Geisterstunde witching hour
geistlich ecclesiastical
geistlos mindless
gekehrt turned;
    in sich ____ withdrawn, absorbed in oneself
das Gelächter, -s, - laughing
gelähmt paralyzed

das **Geländer**, -s, - banister
das **Gelenk**, -(e)s, -e joint
geltend: ____ machen to put forward, emphasize
das **Gelüst**, -(e)s, -e desire, lust
das **Gemach**, -s, ¨er room
gemächlich leisurely
der **Gemahl**, -(e)s, -e; die **Gemahlin** spouse
das **Gemälde**, -s, - painting
gemäß (dat.) according to
gemein ordinary
das **Gemetzel**, -s, - slaughter, massacre
das **Gemüt**, -(e)s, -er temper, spirit, soul
die **Gemütsart** (character) disposition
die **Gemütsbewegung** emotion, (inner) agitation
geneigt: ____ sein to be disposed
die **Geneigtheit** goodwill
genötigt compelled
der **Genuß**, -sses, ¨sse delight
geraten (ä), ie, a, in (acc.) to fall, get into
geräumig spacious
das **Geräusch** -(e)s, -e noise
das **Gerüst**, -(e)s, -e scaffold
das **Geschlecht**, -(e)s, -er sex; race, lineage
getäfelt panelled
sich **getrauen** to dare, venture
gewähren to offer, allow
die **Gewalttätigkeit** violence
die **Gewandtheit** skill
das **Gewehr**, -(e)s, -e rifle
die **Gewißheit** certainty
das **Gewölbe**, -s, - vault
der **Giebel**, -s, - gable
gleichgültig indifferent
die **Gleichgültigkeit** indifference
gleichsam as it were, so to speak
gleichwohl nevertheless
glücken to succeed
glühen to burn, glow;
____ vor (dat.) to be aglow with
die **Glut** embers, glowing fire; blush
die **Gondel** gondola
das **Grab**, -(e)s, ¨er grave, tomb
der **Gram**, -(e)s grief, woe
gräßlich atrocious, monstrous, gruesome
grausam cruel, terrible
die **Greueltat** atrocity
grimmig fierce, grim
die **Grube** den, pit
gründen auf (acc.) to justify, to base argumentation (on)

der **Grundpfeiler**, -s, - pillar
die **Gunst**, -; patronage, favor;
zu ____en (gen.) in favor of
der **Gürtel**, -s, - belt
der **Güterhändler**, -s, - real estate broker

H
habhaft: ____ werden (gen.) to capture, seize, get a hold of
die **Habseligkeiten** fem./pl. belongings
die **Haft** captivity, arrest
halber (gen.) due to
die **Halsbinde** tie, neckerchief
das **Handelsgeschäft**, -(e)s, -e business deal
die **Handlungsverbindung** business connection
der **Hang**, -(e)s penchant, inclination
harmlos guileless
hartnäckig stubborn, obstinate
der **Häscher**, -s, - bailiff; policeman
der **Haß**, -sses hatred
der **Haufen**, -s, - troop, heap
der **Hauptschlüssel**, -s, - master key
das **Hausgesinde**, -s, - servants, domestics
häuslich domestic
der **Hebel**, -s, - lever
das **Heer**, -(e)s, -e army, flock
die **Heerstraße** military road, highway
heftig violent, vehement
der **Heilige**, -n, -n saint
die **Heiligkeit** holiness
das **Heiligtum**, -s, ¨er sanctuary
heillos awful, hopeless
heilsam salutary
heimlich stealthy, secret
heimtückisch malicious
die **Heiterkeit** cheerfulness
der **Helm**, -(e)s, -e helmet
die **Hemmung** retardation, restraint
heran-nahen to approach
herb bitter, austere
herbei-ziehen, o, o to draw near
her-fallen (ä), ie, a, über (acc.) to fall upon s. o.
die **Herrschaft** masters
her-rühren to originate
her-stammen to stem, come from
hervor-ragen to jut out
hervor-bringen a, a to produce
hetzen auf (acc.) to incite; sick (the dogs) on
heucheln to feign

der **Hieb**, -(e)s, -e blow
hienieden here below
himmlisch heavenly
das **Hindernis**, -ses, -se obstacle
hin-deuten to point out
hinein-schrecken to frighten into
hin-halten, (ä), ie, a to retain, delay
hinlänglich sufficient
hin-richten to execute (a criminal)
die **Hinsicht: in dieser** ____ in this respect
hinterbringen, a, a to (secretly) inform,
bring to s. o.'s attention
die **Hinterlassenschaft** estate, inheritance
die **Hinterpforte** back gate
hinzu-setzen to add
das **(Ge)Hirn**, -(e)s, -e brain
der **Hirschfänger**, -s, - cutlass
hitzig hot, high (fever)
der **Hofhund**, -(e)s, -e watchdog
die **Hofpforte** yard gate
die **Höhle** cave
die **Hölle** hell
höllisch hellish
hörbar audible
die **Hüfte** hip
hüllen to shroud, cover
die **Hure** whore
sich **hüten** to be careful not to

I

immerdar for ever
imstande: ____ sein to be able
der **Inbegriff**, -(e)s totality
die **Inbrunst** ardor, devotion
indes however
indessen meanwhile
der **Ingrimm**, -(e)s anger
innig affectionate, close
die **Innigkeit** tenderness; intimacy
inständig earnest, urgent
irdisch earthly

J

jämmerlich piteous
jammern to lament
jammervoll pitiable, sorrowful
jauchzen to jubilate, cheer
die **Jungfrau** maiden, the Virgin (Mary)
der **Jüngling**, -s, -e young man

K

kaltblütig cool-headed, dispassionate
der **Kaminsims**, -es, -e mantelpiece

die **Kammer** room
die **Kante** edge
kauern to squat, crouch;
  zusammen ____ to curl up
kaufmännisch commercial
keineswegs not at all, in no way
die **Kerze** candle
die **Kette** chain
die **Keule** club
die **Kindheit** childhood
das **Kissen**, -s, - pillow
der **Klang**, -(e)s, ⁇e sound
klingeln to ring
klirren to clank
knirschen to gnash (one's teeth)
knistern to crackle, rustle
knöchern bony
knüpfen to fasten, string up
knurren to growl
das **Kollegium**, -s, -ien course, seminar
der **Kommis**, -, - (sales) clerk
das **Kontor**, -s, -e office
der **Korb**, -(e)s, ⁇e basket
kostbar valuable
krampfhaft convulsive, frantic
das **Krankenlager**, -s, - sickbed
der **Kaiser**, -s, -; die **Kaiserin** king, queen
das **Kraut**, -(e)s, ⁇er herb
das **Kreuz**, -es, -e spine, small of the back
krönen to crown
die **Krücke** crutch
krümmen to bend
kühn audacious, bold
künftig future
die **Kunstfertigkeit** craftsmanship
die **Kurbel** crank
kurzsichtig nearsighted

L

der **Labetrunk**, -(e)s refreshing draught
laden, (ä), u, a to load
das **Lager**, -s, - resting place, bed
der **Landmäkler** real estate broker
die **Last** burden;
  zur ____ legen to reproach
lästig onerous
die **Laterne** lantern
der **Latz**, -e, ⁇e pinafore, bib
die **Laune** mood
der **Laut**, -es, -e sound, cry
lauten an to be addressed to

die **Lebzeiten**, pl. lifetime;
  während der _____ during the lifetime
das **Legat**, -(e)s, -e legacy
(sich) **lehnen** to lean, prop
die **Leiche** corpse, body
das **Leichenbegängnis**, -ses, -se funeral procession
der **Leichenzug**, -(e)s, ⁼e cortege, funeral procession
die **Leichtfertigkeit** ease, wantonness
leidenschaftlich passionate
die **Leidenschaft** passion
die **Leidenschaftlichkeit** passionateness
die **Leier** barrel-organ
die **Leinwand** linen, canvas
die **Leiter** ladder
leugnen to deny
die **Liebkosung** caress
die **Lieblichkeit** loveliness
liebreich affectionate
lispeln to whisper
die **List** deception, cunning
locken to lure
locker slack
die **Lockung** temptation
lohnen to reward
das **Los**, -es fate, outcome
los-binden, a, u to untie
los-platzen to fire point-blank
los werden (i), u, o, (acc.) to get rid of
(sich) **los-winden**, a, u, aus to twist out of
lügenhaft deceitful

M
mächtig to be in control
die **Magd**, -, ⁼e maid (servant)
das **Mahl**, -(e)s meal
mancherlei various
das **Märchen**, -s, - fairy tale
martern to torture
die **Maßregel** order, measure
der **Maulesel**, -s, - mule
merkwürdig extraordinary
die **Miene** mien, countenance
mildern to assuage
mißglücken to fail
der **Mißgriff**, -(e)s, -e blunder
die **Mißhandlung** ill-treatment, battery
mißtrauen to distrust
der **Mißwachs**, -es bad harvest
mithin thus, consequently
das **Mitleid**, -(e)s pity, sympathy
mittlerweile meanwhile

mit-wirken to contribute, collaborate
der **Mönch**, -(e)s, -e monk
der **Mörder**, -s, - murderer
mühselig weary
der **Mundvorrat**, -(e)s provisions
murren to grumble
müßig idle
mutig courageous
mutwillig wanton

N
die **Nachbarschaft** neighborhood
die **Nachforschung** inquiry
die **Nachgiebigkeit** indulgence
nach-machen to imitate
(sich) **nahen** to approach
sich **nähern** to approach
näher-rücken to move closer
der **Narr**, -en, -en fool
naturgemäß natural
nicken to nod
nichtsbedeutend meaningless
sich **nieder-beugen** to bend down
nieder-knieen to kneel down
nieder-kommen, a, o to be brought to bed with child
sich **nieder-lassen**, (ä), ie, a to settle down
die **Niederlassung** settlement
nieder-sinken, a, u to sink down
nieder-strecken to strike down, fell
niederträchtig base, vile, villainous
nimmermehr never
die **Nische** niche
nötigen (acc.) to prevail upon
die **Notwehr** self-defense
die **Nuß**, -, ⁼sse nut

O
das **Obdach**, -(e)s shelter
obschon although
öde desolate
offenbar obvious
offenherzig frank, candid
die **Offenherzigkeit** frankness, candor
ohnmächtig in a faint

P
parieren to parry
das **Pech**, -s pitch
peinlich painful
die **Peitsche** whip
peitschen to whip
der **Peitschenhieb**, -(e)s, -e (whip) lashes

das **Pendel**, -s, - pendulum
der **Pfahl**, -(e)s, ⸚e post
der **Pflanzer**, -s, - planter, plantation owner
die **Pflanzung** plantation
die **Pflege** care
pflegen to care, nurse;
    ____ (**etwas zu tun**) to be used (to do s.th.)
die **Pinie** stone pine
die **Platte** table top
der **Pöbel**, -s mob
das **Polster**, -s, - cushion
die **Pracht** luxury, splendor
prächtig splendid
prägen to stamp
preisen, ie, ie to praise, extol
preis-geben, (i), a, e to relinquish;
    preisgegeben sein (dat.) to be at the mercy of
die **Prise** pinch (of tobacco, etc.)
das **Pulver**, -s, - powder
die **Puppe** doll, puppet

Q
der **Quaderstein**, -(e)s, -e square boulder, stone
quälen to torment
qualvoll agonizing
die **Quelle** source

R
die **Rache** revenge
sich **rächen an** (dat.) to avenge oneself on s. o.
die **Rachsucht** thirst for revenge
der **Rand**, -(e)s, ⸚er edge
rasend wild
rasseln to clatter
rätselhaft puzzling
rauben to rob
das **Räubergesindel**, -s (riff-raff of) brigands, scoundrels
raufen to pluck, pull
räumen to clear, vacate
rauschen to rustle
rechtfertigen to justify
rechtschaffen upright
redlich honest
rege active, animated
sich **regen** to stir, make itself felt
die **Regung** impulse
reichlich plentiful

die **Reife** fruition
reiflich careful
der **Reiz**, -es, -e grace(fulness), charm
reizen to provoke, nettle, arouse
reizend charming
sich **retten** to save oneself
der **Retter**, -s, - rescuer, deliverer
die **Rettung** rescue
die **Reue** contrition
der **Richtplatz**, -es, ⸚e place of execution
der **Riegel**, -s, - bolt (of a lock)
der **Ritter**, -s, - knight
ritterlich knightly
röcheln to gasp
die **Rotte** mob
der **Rückhalt**, -(e)s, reserve
die **Rücksicht** consideration, regard
die **Rücksprache** consultation
der **Rückzug**, -(e)s, ⸚e retreat
der **Ruhestand**, -(e)s, retirement
(sich) **rühmen** to praise (oneself), boast
rührend touching
die **Rührung** emotion
der **Rumpf**, -(e)s, ⸚e torso
rüstig strapping

S
der **Säbelhieb**, -(e)s, -e sabre-hit, sword-cut
sacht soft
samt (dat.) together with
der **Sarg**, -(e)s, ⸚e coffin
sich **sättigen** to satisfy
der **Säugling**, -s, -e infant, baby
der **Schädel**, -s, - skull
schäkern to joke, tease
schalkhaft roguish
die **Scham** shame
sich **schämen** to be ashamed
schändlich shameful, vile
die **Schandtat** infamous deed
die **Schar** host, bunch
schärfen to sharpen
der **Scharfrichter**, -s, - executioner
der **Scharfsinn**, -(e)s, shrewdness
der **Schatz**, -es, ⸚e treasure, hoard
schauderhaft frightful
schauerlich ghastly
schaukeln to rock
die **Scheide** sheath
scheinbar seeming; on the face of it
der, die **Scheinheilige**, -n, -n hypocrite

scheitern to fail
schelmisch teasing
schelten, (i), a, a to scold, reproach
der Schemel, -s, - stool
der Schenkel, -s, - thigh
scherzen to joke
scherzhaft joking
scheu shy, covert
(sich) scheuen to be shy; to shrink from
die Schickung fate, destiny
schildern to depict
der Schimmer, -s gleam
schimmern to glimmer, shimmer
der Schimpf, -(e)s, insult
das Schimpfwort, -(e)s, ¨er curse, swear
word
das Schlafgemach, -(e)s, ¨er bedroom
der Schlag, -(e)s, ¨e coach door
schlagfertig ready at hand (sword); ready
witted
schlank slender
schlechthin pure and simple, downright
(sich) schleichen, i, i to sneak, creep
schleppen to drag
schleudern to fling;
von sich _____ to fling away from
oneself
schlicht unpretentious, straight
schließen, o, o (aus) to conclude (from)
das Schluchzen, -s sobbing, sobs
schlummern to slumber, lie dormant
der Schlupfwinkel, -s, - hiding place
schmählich ignominious
schmeicheln to flatter
schmerzensvoll painful
schmerzhaft painful
schmerzlich sad
schminken to make up (one's face)
das Schnupftuch, -(e)s, ¨er handkerchief
schonen to spare
schöpfen aus to draw from
die Schöpfung creation
der Schoß, -(e)s, ¨e lap
der Schrecken, -s, - panic, terror
schüchtern shy, hesitant
die Schürze apron
schürzen to tie up, tuck up (skirt); to
dress up (of women)
der Schutt, -es rubble
schütten to pour, empty
der Schütze, -en, -en marksman
die Schwangerschaft pregnancy
schwanken to hobble, sway

schwankend vacillating
schweben to be suspended, float (in the
air)
der Schwefel, -s sulphur
der Schweiß, -es perspiration
schwellen to swell
schwerlich hardly
die Schwermut melancholy
schwermütig melancholy, dejected
der Schwerpunkt, -(e)s, -e center of
gravity
das Schwert, -(e)s, -e sword
die Schwindsucht consumption
schwören to swear
der Schwung, -(e)s, momentum
die See ocean, sea
segnen to bless
sich sehnen nach to long for
die Sehnsucht longing
seiden silky, silken
die Seiten, pl. sides;
von _____ (gen.)
(or: seitens (gen.)) on the part of
selig blessed, overjoyed;
_____ werden to be saved
die Seligkeit blessedness
seltsam strange
sich senken to lower
der Seufzer, -s, - sigh
das Siegel, -s, - seal
siegen to triumph
die Sitte custom
der Sklave, -n, -n slave
der Soldatenstand, -(e)s soldiery; military
profession
sorgsam careful
späterhin later on
sperren to lock
der Spieß, -es, -e spear, pike
der Spinnrocken, -s, - spinning wheel
der Spitzbube, -n, -n;
die Spitzbübin rascal
spitzen to point;
die Ohren-_____ to prick up one's ears
der Splitter, -s, - splinter, thorn
der Sporn, -(e)s incentive
spotten to mock, laugh at;
weg-spotten to laugh off
das Sprichwort, -(e)s, ¨er proverb
spuken to be haunted, spook
der Stab, -(e)s, ¨e staff
der Stall, -(e)s, ¨e shed, stable
stammeln to stammer

stampfen to stamp
die **Standhaftigkeit** steadfastness
stärken to strengthen
starr rigid, impassive, paralyzed
die **Statt** place, stead;
    an meiner (etc.) ____ in my (etc.) place
stecken; to put, stick, thrust;
    in Brand ____ to set afire
steif stiff
stemmen to stem
der **Stich**, -(e)s, -e thrust (of a knife)
die **Stickerei** embroidery
der **Stiefsohn**, -(e)s, ⁻e stepson
stillen to assuage
das **Stillschweigen**, -s silence
die **Stirn** forehead
der **Stock**, -(e)s, ⁻e walking stick
stockfinster pitch-black
stöhnen to groan
stopfen to stuff
stoßen, (ö), ie, o, an (acc.) to border on
die **Strafwürdigkeit** heinousness
der **Strang**, -(e)s, ⁻e rope
sich **sträuben** to balk, struggle
sträubend bristling;
    mit ____ en Haaren one's hair standing
on end
strecken to stretch, extend;
    zu Boden ____ to fell
streicheln to stroke
streifen to graze
die **Streiferei** foray
der **Strick**, -(e)s, -e rope
das **Stroh**, -(e)s straw
der **Strudel**, -s, - swirl
die **Stube** living room
stürzen to topple, ruin, fall
stützen to prop, support
der **Stützpunkt**, -(e)s, -e stronghold

T
tadeln to reprove
tadelnswürdig reprehensible
der **Takt**, -(e)s, -e (time) measure, rhythm
tätig active
die **Tatze** paw
der **Taumel** -s ecstasy, frenzy
(sich) **täuschen** to deceive, (be deceived)
teilhaftig werden (gen.) to partake of
teilnehmend sympathetic to
der **Teufel**, -s, - devil
das **Tor**, -(e)s, -e gate
die **Torheit** stupidity

töricht foolish
der **Träger**, -s, - bearer (as in pall bearer)
die **Trägheit** inertia
trauen to trust
die **Traurigkeit** sadness
treffen, (i), a, o to meet;
    es traf sich daß . . . it so happened
that . . .
trefflich excellent, exquisite
trepanieren to trepan
die **Treue** faithfulness, loyalty
treulos faithless, treacherous
triefen to drip
trommeln to drum
der **Troß**, -sses, -sse (camp) followers;
baggage (-train)
der **Trotz**, -es defiance
trüb(e) gloomy
trügen to deceive
die **Trümmer**, pl. ruins, debris
der **Trunk**, -(e)s drink
der **Tuchfärber**, -s, - dyer, (one who dyes
cloth)
die **Tugend** virtue
tugendhaft virtuous

U
das **Übel**, -s, - malady
überaus extremely
überdecken to cover completely
überdies moreover
übereilt precipitous
die **Übereinstimmung** correspondence,
agreement
überfliegen, o, o to sweep, fly over
überhand-nehmen, (i), a, o to prevail,
increase
überhäufen (jemanden) mit to heap upon
s.o. s.th.
überirdisch supernatural
überlassen, (ä), ie, a to make over (to),
transfer
überlegen (adj.) superior
überlegen to consider
die **Überlegenheit** superiority
überliefern to deliver, hand over
überlisten to outwit
übernachten to spend the night
überreizt strained
über-schiffen to take ship
überwältigen to overpower
überwinden, a, u to overcome
die **Überzeugung** conviction

der **Umfang**, -(e)s extent, scope
der **Umgang**, -(e)s social intercourse
um-gehen, i, a to circumvent, elude; to
be spooky;
_____ **mit** to plan, intend
sich **umher-treiben**, ie, ie linger
umklammern to clasp
um-kommen, a, o to perish
umringen to surround
der **Umriß**, -es, -e outline
umschlingen, a, u to tie around, embrace
sich **um-sehen**, (ie), a, e, nach to look
around at
um-sinken, a, u to collapse
um-wandeln; to change, transform;
(her) **um-**_____ to walk, saunter around
sich **um-wenden**, a, a to turn around
unabhängig independent
unaufhörlich ceaseless
unauslöschlich indelible
unaussprechlich unspeakable
unbegreiflich unfathomable
unbegrenzt unlimited
unberührt untouched
unbeschreiblich indescribable
unbesonnen ill-considered, rash
unehelich out of wedlock, illegitimate
unempfindlich insensitive
unerhört unheard-of
unfehlbar without fail, infallible
ungeheuer monstrous
ungesäumt immediate
ungewiß uncertain, hesitant
ungläubig unbelieving
unglaublich unbelievable
ungleichartig incompatible
unmittelbar instant, immediate
unpäßlich indisposed, (mildly) sick
die **Unruhe** restlessness, anxiety
unsäglich unspeakable, immense
unschätzbar priceless
die **Unschuld** innocence
unselig wretched
unsichtbar invisible
untätig idle
unter-bringen, a, a to accommodate,
house, put up s.o.
unterdrücken to suppress, stifle
sich **unterfangen**, (ä), i, a to dare
unterhandeln to discuss, negotiate
das **Unterkommen** shelter
das **Unterpfand**, -(e)s, -̈er pledge
unterrichten to teach

unterschieben, o, o to attribute falsely
unterschütten to heap up
unterstützen to support, assist
unvermutet unexpected
unverwandt steadfast
unverzüglich immediate
unwiderstehlich irresistible
der **Unwille**, -ns indignation, annoyance
unwillig irritable
unwillkürlich instinctive, involuntary
unzertrennlich inseparable
üppig opulent

V
die **Vaterschaft** paternity
verabreden to agree upon, fix (time and
place)
verabredetermaßen as agreed (upon)
die **Verabschiedung** dismissal
die **Verachtung** contempt
veranlassen to cause, give rise to
die **Veranlassung** occasion
verantworten to be responsible, answer for
(sich) **verbergen**, (i), a, o to hide
das **Verbot**, -(e), -e prohibition
verbrechen, (i), a, o to commit (a crime),
perpetrate
der **Verdacht**, -(e)s suspicion
verdammen to damn
die **Verdammnis** doom, damnation
verdanken (jemandem etwas) to thank
(s.o. for s. th.)
die **Verdoppelung** doubling, increase
verdrängen to dislodge
verdrießlich vexed, annoyed
vereinen to combine, unify
sich **vereinigen** to be of one mind
das **Verfahren**, -s, - proceeding, action
verfallen, (ä), ie, a, in (acc.) to lapse, fall
into;
_____ **sein** (dat.) to be subject to
verfehlen to miss
verfertigen to manufacture
verfließen, o, o to pass
verflossen past (year, etc.)
verfluchen to curse
der **Verfolg**, -(e)s progress, course
die **Verfolgung** pursuit
sich **verfügen** to betake oneself, proceed
die **Verführung** seduction
vergeben, (i), a, e to forgive
vergeblich in vain
die **Vergebung** forgiveness

vergelten to repay, requite
die Vergessenheit obliviousness;
    in ___ (gen.) oblivious to
vergießen, o, o to shed (tears)
vergiften to poison
vergöttern to adore
die Vergötterung adoration
vergütigen to compensate
sich verhalten, (ä), ie, a to behave; relate
verhängen to impose, inflict
verheimlichen to conceal
verhindern to prevent
verhören to try, interrogate
verhüten prevent
sich verjüngen to become rejuvenated
verkennen, a, a to misapprehend,
misjudge
verklagen to accuse
der Verlauf, -(e)s lapse;
    nach ___ (gen.) or von (dat.) after
    (a lapse of)
verlauten: ___ lassen to give to
understand, make known
verlegen embarrassed
die Verlegenheit embarrassment
sich verloben mit to become engaged to
das Vermächtnis, -ses, -se will, legacy
sich vermählen to get married
vermissen to miss
vermittelst (gen.) by means of
die Vermittlung intervention,
intermediary
vermöge (gen.) thanks to
vermögen (conj. like mögen) to be able to
vernachlässigen to neglect
vernehmen, (i), a, o to hear, become
aware of
vernehmlich audible
die Vernichtung destruction, undoing
verraten, (ä), ie, a to betray
der Verräter, -s, -; die Verräterin traitor
die Verräterei treachery
verräterisch treacherous
verriegeln to bolt (door), !ock
versagen to refuse
verschaffen to procure
die Verschämtheit bashfulness
verschanzen to barricade
verscheiden, ie, ie to pass away
verschenken to give away, make a present
of
verschieben, o, o to displace, disarrange
verschleudern to throw away

verschränken to cross, fold (arms, legs)
die Verschreibung assignment, bond, deed
verschulden to be to blame for
die Verschwiegenheit secrecy
versenken to lower (into a grave, etc.);
sink, plunge
versetzen to transpose, put; reply
die Versetzung transposing
versöhnen to reconcile
versorgen to provide
verstellen to disguise, dissimulate
verstopfen to plug
verstört stricken, bewildered, upset
verstummen to grow silent
vertauschen to exchange
verteilen to distribute
vertilgen to annihilate
vertreiben, ie, ie to expel
verüben to commit, perpetrate
verurteilen to sentence, condemn
die Vervollkommnung perfectibility
verwalten to manage, administer
verweilen to stay, remain
der Verweis, -es, -e reprimand
verwickeln to involve
verwildert unruly
die Verwirrung confusion
sich verwundern to be astonished
verwüsten to lay waste
verzeichnen to register, note
die Verzückung ecstasy
die Verzweiflung despair
verzweiflungsvoll desperate
der Vetter, -s, - cousin
vielfach many (fold)
der Volksstamm, -(e)s, ⁻e tribe, race
vollgültig completely valid
vollstrecken to execute, carry out
sich vollziehen to come to pass
voraus-setzen to presuppose
sich vor-behalten, (ä), ie, a to keep back
for oneself
vor-bringen, a, a to advance, adduce
vor-dringen, a, u to charge forward
der Vorfall, -(e)s, ⁻e incident
vor-fallen, (ä), ie, a to happen
vor-geben, (i), a, e to pretend, assert
vor-gehen, i, a to take place
vor-haben to intend, be up to doing s.th.
das Vorhaben, -s, - intention, scheme,
undertaking
die Vorkehrung arrangement

vor-kommen to be found, met (with);
appear
vormalig former
vornehm distinguished, noble
vor-rücken to advance
der Vorsatz, -es, ⁻e intention
vor-schützen to pretend, plead (as an
excuse)
vor-spiegeln to pretend, make believe
die Vorspiegelung pretext
die Vorstadt, -, ⁻e suburb, outskirts
der Vorsteher, -s, - warden, administration
die Vorstellungen, pl. protestations,
remonstrations
vorteilhaft advantageous, expertly
vortrefflich splendid, excellent
vorüber-fliegen, o, o to whirl past
der Vorwand, -(e)s, ⁻e pretext
vor-werfen, (i), a, o to reproach
das Vorwissen, -s previous knowledge

W
die Wache guard
wacker brave
der Wahn, -(e)s delusion
wahnwitzig crazed
wahrhaftig indeed, really; honest
wahr-nehmen, (i), a, o to perceive,
become aware of
sich wälzen to wallow
wandelbar changeable
wandeln to wander
das Wappen, -s, - crest, coat of arms
weben to weave
wechselseitig alternate
die Wehmut wistfulness, melancholy,
sadness
das Weib, -es, -er woman
weichen, i, i to retreat, yield
die Weigerung refusal
der Weinberg, -(e)s, -e vineyard
weitläufig far-flung
die Wendung turn, change
das Werk, -(e)s, -e act(ion)
das Wesen, -s, - (human) being
der Wetterstrahl, -(e)s, -e lightning
wider-scheinen, ie, ie to reflect
widerwärtig repulsive
widmen to dedicate
die Wiederherstellung recovery
wiederkehren to return
die Wiederkunft return
die Wiege cradle

wiegen to lull, rock
die Wildnis, -, -se wilderness
willen: um . . . (gen.) willen for the sake
of
willens: _____ sein to be willing
willfährig compliant
die Willkür arbitrariness
der Winkel, -s, - corner, angle
winken to signal
der Wirbel, -s, - turmoil, whirl; vertebra
die Wirtsleute, pl. innkeepers
der Witz, -es, -e joke; wit, intelligence
die Woche: in den _____n in childbed
wohlan! very well!
wohlerzogen well-bred
wohlhabend well-to-do
wohlriechend sweet smelling
die Wohltat blessing, kindness, benefit
die Wollust lust
wollüstig voluptuous
die Wunde wound
das Wunder, -s, - miracle, wonder
wunderbar astonishing, wonderful
wunderlich strange
würdigen to appreciate, praise
wütend furious
der Wüterich, -(e)s, -e maniac, tyrant

Z
die Zärtlichkeit tenderness
der Zaun, -(e)s, ⁻e fence
zerbröckeln to crumble
zernagen to gnaw away
zerschmettern to shatter
zersplittern to smash
zerstreut distracted
zerstreuen; to scatter;
sich _____ to divert oneself
der Zeuge, -n, -n witness
sich zieren to be affected
die Ziererei affectation
die Zofe lady's maid
zu-bringen, a, a to pass, spend (time)
das Zucken, -s twitch(ing)
zu-fallen, (ä), ie, a (dat.) to fall to s.o.'s
share
die Zuflucht refuge, shelter
die Zufriedenheit satisfaction
der Zug, -(e)s, ⁻e streak, trait
zu-geben, (i), a, e to allow, admit
zugetan devoted
zu-lassen, (ä), ie, a to allow
der Zuname, -ns, -n surname

der **Zunder**, -s tinder
zurecht-rücken to straighten, rearrange
sich **zurück-ziehen**, o, o to withdraw
der **Zusammenhang** connection
die **Zusammenkunft** rendezvous, meeting
zusammen-raffen to snatch up
zusammen-zimmern to nail together
der **Zuschnitt**, -(e)s, -e cut, style
zu-schnüren to lace up
zu-schreiben, ie, ie (dat.) to make over, deed to
zu-siegeln to seal (shut)

die **Zustimmung** consent, approval
zu-stoßen, (ö), ie, o (dat.) to happen (to s.o.)
zuteil: jemandem (dat.) ___ werden to come into possession of, fall heir to
das **Zutun**, -s help
die **Zuversicht** confidence
zuvor earlier, before
zuvörderst first and foremost
zuweilen from time to time
zu-ziehen, o, o to draw (curtains)

PT362 256